中学受験

お母さんが教える国語，印つけとメモ書きワークブック

早川尚子

ダイヤモンド社

目次

第三章　「印つけとメモ書き」練習編　59

第四章　「印つけとメモ書き」実践編――過去の入試問題を解く　127

第五章　お父様、お母様への手紙　169

はじめに

二〇〇六年一〇月に『中学受験　お母さんが教える国語』を出版させていただきましてから、一年八カ月が過ぎました。おかげさまで多くの方にお読みいただきましたこと、心より感謝申し上げます。

出版直後からご感想や、相談メールをたくさんいただき、その一つひとつに返信させていただくうちに、書き足りなかったと感じることや、説明不足な点が出てきました。また、受験の訓練のために多くの文章を読むことが、子どもの成長にきちんと結びつくような練習にしなければならないという考えがよりはっきりしてまいりました。

中学受験のための国語の訓練は、「読む力」と「解く力」を明確に区別しないままなされているように思います。しかし、この二つの間には大きな違いがあります。「文章を読む」ためには時間の枠を外して練習する必要があり、「問題を解く」ためにはスピードを上げて制限時間内で正答する練習が必要です。この二つは同時には鍛えられません。ところが、訓練を始めるとこの二つの力が同時に伸び、国語の成績が上がらないと不安になります。そこで、まだ読むことが充分でない子どもたちに、早く読み、早く解答することを求めるようになっていきます。こうして、多くの「国語が苦手」な子どもたちがつくられてしまいます。

制限時間内で問題を解くには、テクニックが必要です。その一つが「設問から先に読む」ことですが、その練習は、充分に「読む力」を養った後、六年生の夏過ぎ～秋口から半年弱もあれば充分です。「読む力」が充分備わる前にテクニックを覚えて制限時間内に解くことを優先すると、目先の点数は一時期上がっても、その後はそれほど伸びないということが多くあります。また、設問という条件にそって問題を解くことを優先させているために、出会った未知の文章を好奇心をもって読み進み、理解し、楽しむということもできません。「読む力」もつかないばかりか、「文章を読むことで成長すること」もできないという結果になってしまいます。

受験の訓練を子どもの成長にきちんと結びつけるためには、「文章を読む練習」と「問題を解く練習」とを分ける必要があると考えました。

そんな折、続編として『中学受験　お母さんが教える国語　印つけとメモ書きワークブック』のお話をいただきました。

本書『お母さんが教える国語　印つけとメモ書きワークブック』では、第一章のテーマを「文章を読む国語」についてとし、指導法の核である「音読をしながら、印つけとメモ書き」を中心に「文章を読む練習」について述べました。

第二章ではテーマを「問題を解く国語」についてとし、（1）では「読む練習」から「解く練習」への四段階の説明、（2）では「読み解くスピード」について、（3）～（6）の各項目では、「問題を解く」ために必要なことを示しました。

また、第三章では文章を読むための訓練として「印つけとメモ書き」の練習をする際、親子で読み合わせをするのにふさわしい文章を選び、初級用、中級用それぞれに詳しく「印つけとメモ書き」の説明をいたしました。

そして、第四章　実践編では、練習を積み上げてきた子どもたちの実力の確認、あるいは、実践に向けて不足している点を見つけて正す機会として、過去の入試問題を二校分掲載いたしました。

第五章には、「お父様、お母様への手紙」として、お父様、お母様方にお伝えしたいことを記しました。

なお、第三章、第四章の「印つけとメモ書き」の練習用として、本文中にすべての素の文を載せましたので、ご家庭でコピーしてお使いください。

『お母さんが教える国語』ともども『お母さんが教える国語　印つけとメモ書きワークブック』が、「わが子の国語」で悩んでいらっしゃる方々の少しの支えになりますことを心より望んでおります。また、子どもたちにとりましても、読解力および考える力の向上に役立ちますことを切に願っております。

第一章

「文章を読む国語」について

1 「印つけとメモ書き」とは

一〇歳から一二歳にふさわしい練習

「音読をしながら、印つけとメモ書き」は一〇歳から一二歳までの子どもたちの「文章を読む練習」にふさわしいものと考えます。経験も少なく、読むこと自体も未熟なのですから、読み取ったことを目に見えるようにしていくやり方は効果があります。読解問題を前にして、どうすればよいのか迷っている子どもたちには、きちんと読み方を教えなければなりません。

　また、文章を一気に読み通すことで文章理解を深め、集中力を養うことも、この年代の子どもにふさわしい訓練であると思います。

「印つけとメモ書き」で文章に向き合い、一気に読み通す姿勢を作る

「音読をしながら、印つけとメモ書き」とは、音読をすることで読み飛ばしを防ぎ、文章に「印つけとメモ書き」をすることで、今、自分が読み取っていることを自分の目に見えるようにするという、文章を「丁寧に読む」ための方法です。練習時には、文章を一気に読み通すことで集中力も養います。

「線引き」ではなく「印つけとメモ書き」

　一般的には「線引き」と言われますが、ここでは「線引き」ではなく「印つけとメモ書き」としたことには二つの理由があります。一つは、ずるずると「線引き」をしながら読んでいても、文章を読んでいない子どもたちが多いということ、もう一つは「面倒だから線引きはしない、そんなことをしなくても読める」と決めている子どもたちがいるということです。

ただ線を引いているだけ

子どもたちは指導者から「ここは大事だから線を引きなさい」と言われることがあります。場所を指定されての線引きならば良いのですが、「大事なところに線を引きながら読みなさい」というあいまいな言い方をされると、さて、どこが大事なところかがわかりません。ここも、そこも大事に思えたり、線さえ引けば怒られないからとどんどん線を引いてしまったりという状況になります。

答案を見ると、文章の前半は、特に読む勢いがあるのでどんどん線引きをして真っ黒、後半は、疲れて線引きはせず、きれいなままということがあります。線引きを受け身な流れ作業のようにしているのです。手作業には目で読むだけではなく、手で読むことによってその部分の記憶を確かにするという意味があるのですが、これでは何のための手作業なのかわかりません。

「印つけとメモ書き」とは「限定した線引き」と余白への「覚え書き」のこと

線を引き過ぎることも、反対に「面倒だから引かない」と決めて、まったく線を引かないことも、文章を読んでいないことには変わりありません。

そのような子どもたちを文章に向き合わせるためには、線を引く場所をもっと限定させる必要があると考えました。自分が大事だと思って線を引こうとしている文章の中で、一番大事だと思った部分を○や□で囲み、あるいは、「　」、「　」をつけて限定します。この限定した「線引き」を「印つけ」ということば

心がけていただきたいこと

「高学年になってから国語で苦労しないために」という親心で、読むことが未熟な低学年の時期から、先取り学習として「印つけとメモ書き」を取り入れても効果は上がりません。一〇歳までは読み聞かせや読書を十分にして、文章を楽しみ、自由に空想の世界にひたる経験を多くさせてあげてください。その経験こそが、これから先の学習の土台になるのです（低学年でやるべきことは、『お母さんが教える国語』第三章をご参照ください）。

で表しました。また、長く線を引く代わりに、余白に覚え書きをすることを「メモ書き」といたしました。

あいまいな読み取りを「目に見える」形にする

問題文として与えられる長文を一読で理解することは、子どもたちにとってなかなか難しいことです。「ここが大事」と限定しようという気持ちで読むこと、さらに、立ち止まって「印つけ」をし「メモ書き」をするということが文章に向き合う姿勢を作ります。また、読み取ったことをその場で記していくことで、読んでいることが自分の「目に見える」という効果もあります。

今までのあいまいな読み取りは具体的なものになり、子どもたちが文章を読み、理解し解答するときの支えとなります。また、面倒がったり、かたくなな姿勢をとる子どもたちも、○をつけたり、□で囲むことぐらいならやってみようという気持ちになります。

「線を引きなさい」と言われて、単なる作業としての線引きをしているだけであった子どもたち、ただ目で文字を追うだけであった子どもたちも、こうして「印つけとメモ書き」をすることで、いつの間にか文章が読めるようになっていきます。

初めての読む練習です。初心の段階では八〇〇字前後の短めの文章を選ぶこと、同じ文章を何回も繰り返すことで習慣づけます。さらに、短かい文章で練習することが、一気に読み通すことを覚えるきっかけとなります。

2 子どもたちと「印つけとメモ書き」

「印つけとメモ書き」と「線引き」のイメージ

子どもたちは大人よりもはるかにイメージする力が優れています。自分が「線引き」したページをイメージさせたときと、自分が「印つけとメモ書き」をしたページを描かせたときでは、大きな違いがあるようです。「印つけとメモ書き」の場合は○や□が浮かんできたり、余白に書いた自分の字が浮かんだりするらしいのです。一度このトレーニングをすると、納得して「印つけとメモ書き」をするようになります。

一般的には「線を引く」と言われているので、大人はつい「線引き」と言ってしまうのですが、子どもたちに対しては「印つけとメモ書き」とはっきり伝えないと、子どもの頭の中に画像ができあがりません。子どもたちは文章を画像処理し、さらに目で見ることによって、「読み、解く」ことができるようになっていきます。この年代の子どもたちだからこそ、このやり方で効果が上がるのではないかと思います。

この年代の子どもにとっての「線引き」と大人にとっての「線引き」

私たち大人が文章を読むときには、今まで経験したことと照らし合わせて「ここは大事」、「なるほど」と思う場所に線を引いたり、付箋をつけたりします。意味があってそうするのです。

しかし、まだ経験の少ない子どもたちにとっての線引きは、ただ「線を引きなさい」と指示されたから線引きをしているという場合が多いのです。線を引いても相変わらず文章は読んではいません。

子どもの様子をじっと見ていると、手では線を引いていても、先に先に目を進ませて文字を追うという不思議な現象が起きていることに気づきます。線を引いている場所と、目で読んでいる場所が違うのです。大人には真似のできない器用さです。

「印つけ」で上すべりな学習を正す

文章を読みながら全文に線引きをしている場合や、目の動きと手作業が連動していない場合は、文字を追うだけの上すべりな読み方になっています。

ずるずるとした線引きをやめさせ、［　］、「　」のように線の引き始めと終わりをきちんと限定して文章の大事な部分だけに「印つけ」をさせます。また、「印つけとメモ書き」自体も、思い切ってシンプルにして練習させます。

多くの量の学習ではなく、少しのことをきちんと丁寧に学ぶことで学習の上すべりを正します。

「目が先に先に進む癖」が、ミスの原因につながる

実はこの「目が先に先に進む癖」というのは、学習の上滑りにつながります。

この癖はミスをした問題を直すときにも表れます。解き直して正答すると、なぜミスをしたかの確認もせずに「これは終わった。はい、次の問題」と、先に目を移していきます。これでは学習は定着しません。

この癖は早めに手当てをしないと六年生の夏過ぎの学習に支障が出ます。時間に追われて、量をこなさなければと思うことが原因の一つなのでしょう。少し勉強の量を減らし、丁寧な学習をするように落ち着かせてください。読む練習も短い文章で丁寧にします。

「同じ文章で繰り返す」ことで新しい習慣をつける

短い文章での練習を何回も繰り返し、「印つけとメモ書き」の手が勝手に動くようになるまで、つまり、繰り返すことによって文章を覚え、「ここが大事」というところがわかるようになるまで練習します。「同じ文章で繰り返す」作業が、新しい習慣をつけるときには大変有効です。

手に良い習慣がついたら文章を変え、また練習をします。手がスムーズに動くようになったときに、「印つけとメモ書き」の練習を次の段階に上げます。次の段階とは「第二章（1）「読む練習」から「解く練習」への四段階」の第二段階です。

反射的に解答する癖を正して、「文章を丁寧に読む」ことを徹底させる

「そんなに繰り返し読ませたら、いやになるのではないか」とお思いになるかもしれませんが、答え探しだけをして文字を追い、文章を読んでこなかった子どもたちは、じっくり学ぶことができなくなっています。次々と新しい問題をあてがわれ、反射的に解答する癖がついています。理解しているかどうかではなく、答えがあっていれば良いと思っています。このような時間に追われる上滑りな学習習慣を正し、「文章を丁寧に読む」ことをさせるためには、一時期このくらい思い切って根気よく繰り返し導く必要があります。

「ゆっくりね！」のひと言で勉強の質を変える

「練習だからゆっくりね」という声かけをすることも必要です。受験期の子どもをもつ親にとって、大変勇気がいることばですが、練習段階のある時期にこのことを意識することは、勉強の質を変えることにつながります。特に、五年生の間に、こうして学習の基礎を作ることは、大きな価値があります。それは最終的に「スピード」にもつながっていきます。どうぞ勇気を持ってなさってください。

3

導入の段階ではシンプルな「印つけとメモ書き」をする

シンプルな「印つけとメモ書き」について

中学受験で出題される文章の多くは、物語的文章と説明的文章の二種類に分けられます。それぞれの文章について練習をします。

導入の段階、あるいは、線を引き過ぎている上滑りな読み方を正す場合は、まず、「シンプルな『印つけとメモ書き』」から始めます。

物語的文章の「印つけとメモ書き」の練習

物語的文章では、「うれしい、悲しい、後悔する」というような気持ちを表すことばに「印つけ」をして、余白にそれぞれ+、−、△と「メモ書き」をします。『お母さんが教える国語』では、プラスやマイナス以外の気持ちを表すことばには△をつけていますが、たとえば、「驚く」ということばに!をつけても良いでしょう。+、−以外は工夫なさってください。

そして、気持ちが変化したときには、その原因となったできごとにもきちんと「印つけ」をし、上の余白に「メモ書き」をしてわかりやすくしておきます。

それぞれの読み取り方

物語的文章は心情の変化とできごとを丁寧に読み取ります。

説明的文章では、話題、意見、結論を丁寧に読み取ります。

中学受験においては、事実や経験に基づいて作者が意見を述べる随筆文が多く出題されます。

子どもたちが苦手とする随筆文は、作者の経験をもとにして感想を述べている場合は物語的文章と同じ読み方をし、事実や経験に基づいて、作者の意見を述べているものは、説明的文章と同じ読み方をします。

初心の段階の「印つけとメモ書き」について

どこに印をつけたらよいかと迷っていると文章に向き合

また、つなぎことば、登場人物、時、場所にも「印つけ」をします。

説明的文章の「印つけとメモ書き」の練習

説明的文章では、「印つけ」をした話題に（話）、意見に（い）、結論に（結）と「メモ書き」をします。「しかし、つまり」というつなぎことばを○や□で囲んではっきりさせておき、その後に続く大切な部分に、「印つけ」をします。また「印つけ」が少なくて心もとないと思う部分や、段落の重要なことば（繰り返されていることばを中心に考えます。慣れるまでは教えます。）を上の余白に「メモ書き」をしておくと文章がさらにはっきりします。

慣れてきたら「印つけとメモ書き」をもう一歩進める

シンプルな「印つけとメモ書き」に慣れ、答え探しから脱したときに、次のステップに進みます。さらに丁寧に読む練習です。

次頁に「印つけとメモ書き」をする箇所をまとめました。

うことができません。上記のところだけに限定して一緒に文章を読み進めましょう。読み終えたら「印つけとメモ書き」を中心に、文章の内容を話し合い、あやふやならばもう一回丁寧に読みます。

初心の段階の「メモ書き」について

物語的文章では、気持ちを表すことばや、気持ちの変化の原因となるできごとを余白に「メモ書き」しておきます。

説明的文章では、段落内で繰り返されていることばを余白に「メモ書き」しておきます。説明的文章においては、それが段落の話題となります。

「メモ書き」をすると、どこに何が書かれているのかがはっきりします。

「印つけとメモ書き」をする箇所

物語的文章で「印つけとメモ書き」をするところ
第一段階　シンプルな「印つけとメモ書き」
時・場所　（場面の区切りになることがある）
登場人物
気持ちを表すことば　（プラスの気持ち・マイナスの気持ち・それ以外の気持ち）
できごと
つなぎことば
大切に思ったところ
印つけが長文にわたるところ
第二段階以降・シンプルな「印つけとメモ書き」に慣れたときに追加する
繰り返されていることば
言い換えのことば
「〜ため」・「〜から」・「〜ので」（理由を表す。印つけをして（理）とメモ書きをする）
並列して書かれていることがらは1・2…と番号をつける

印を工夫して

今回は「印つけとメモ書き」をする箇所のみを示しました。それぞれの印は子どもたちに工夫させてください。なお、太字の箇所は『お母さんが教える国語』の「印つけとメモ書き」に新たに付け加えたものです。

「印つけとメモ書き」の新たな工夫

本書では四つの新たな工夫をいたしました。さらに読み取りが具体的になります。

①子ども自身に「印つけ」を工夫させること。

本書では、「印つけとメモ書き」の箇所だけを示しました。決められた印ではなく、子どもたちが自分なりの印を工夫することで、積極的に文章に向き合えるようにと考えました。楽しんで印を考えてください。

②理由を述べている文章を明確にすること。

理由を表す「〜ため」・「〜から」・「〜ので」のことばに「印つけ」をし、余白に（理）とメモ書きしておきます。理由をはっきりさせておくことが

説明的文章で「印つけとメモ書き」をするところ

第一段階　シンプルな「印つけとメモ書き」

話題（何についての文章であるかということを「話題」とする。文章のはじめに書かれている場合が多い）

意見（「～と考える。～と思う。～すべきである。～である。～にちがいない。」ということばが文末にある場合は、作者の意見が書かれていると考える）

結論（作者の意見のまとめを「結論」とする）

つなぎことば

大切に思ったところ

印つけが長文にわたるところ

第二段階以降・シンプルな「印つけとメモ書き」に慣れたときに追加する

例

問いと答え

繰り返されていることば

言い換えのことば

「～ため」・「～から」・「～ので」は（理）とメモ書きをする

並列して書かれていることがらは１・２…とする

内容の理解に役立ちます。

③並列して説明されている部分をすっきりさせること。

並列して書かれていることがら、（たとえば、「その犬は真っ白で、カールしたような毛と、くりくりした目が・・」）に１・２…と番号をつけておきます。こうすることにより、ずるずるとした線引きが避けられます。

④作者が伝えたいことをはっきりさせます。

読み進みながら、「繰り返されていることば」や「言い換えのことば」に気づいたときには、その時点で前に戻ってでも「印つけ」をし、手短に「メモ書き」もしておきます。文中で作者が最も伝えたいことは、必ず繰り返されているか、言い換えられています。この点を意識させることで、正答率が上がります。

4
「印つけとメモ書き」の練習時に気をつける二つのこと

練習を楽に継続

線引きの場合は、範囲をきちんと限ることが難しいのですが、○や□をつける「印つけ」の場合は、一文の中の一部だけにつけておくことでも良いのです。厳密にする必要はありません。練習を楽に継続することが最良の道です。

「印つけとメモ書き」についての二つのポイント

「印つけとメモ書き」について、読者の方々からの相談メールや、講演会でのご質問に回答いたしますうちに、次の二点に気づきました。

一点目は、「正しい印つけ」をしなくてはならないと思うために、文章を読むことよりも「印つけとメモ書き」をすること自体が目的になってしまっているのではないかという点です。二点目は、「印つけとメモ書き」はだいぶできるようになっていても、それを読解に活用できていないという点です。この二つの点について考えてまいります。

①「印つけとメモ書き」は丁寧に読む手段であって、目的ではないこと

『お母さんが教える国語』では、問題として与えられた文章の全文を読まずに答え探しをしている子どもたちに対して、文章に向き合わせて丁寧に読ませる一つの方法として「印つけとメモ書き」を提示いたしました。

読者の方にわかりやすくと考えて、「印つけとメモ書き」の記号の一例を挙げましたが、これはあくまでも見本です。これと同じにしなくてはならないとお思いになり、かえって文章を読むことよりも「印つけ」のほうに意識が向いてしまったのではないでしょうか。「印つけとメモ書き」は、あくまでも読むための手段です。

「印つけとメモ書き」は自分が読み取ったことの覚え書き

「印つけとメモ書き」は、自分が今読み取っていることを自分の目に見えるようにする方法です。「自分が読み取っていること」なのですから、練習の初心の段階では、初心なりのもので良いのです。自分が大事と思ったところに「印つけとメモ書き」をしていても、練習を繰り返しているうちに次第に文章が読めるようになり、それにともなって「印つけ」もいわゆる「正しい印つけ」になっていきます。慣れるまでは大変な作業とお思いになるでしょうが、自分のリズムで「印つけとメモ書き」ができるようになるまで三カ月はがまんして親子の読み合わせで練習をなさってください。

「自分が決めた印」のファイルを手元に置く

今回、『印つけとメモ書きワークブック』ではどのようなところに「印つけ」をするのかは提示いたしておりますが、印そのものは子どもたちに考えさせたいと思っております。物語的文章と説明的文章に分けて、「自分が決めた印」を紙に書いて透明ファイルに入れ、毎回、読解の練習をするときに手元に置くようにします。自分で決めた印をつけながら読むことが、子どもたちを積極的に文章に向き合わせるきっかけとなることを期待します。

初心の段階では、第一章（3）のシンプルなやり方を参考になさってください。徐々に段階を上げていきます。

継続の秘訣

新しい習慣をつけるときには、一時期子どものそばにつかなくてはなりません。毎回、文章を読む前に「この文章の種類は？」、「どこに印つけをするの？」、「メモ書きはどうするんだっけ？」と必ず聞きます。このように確認しても、いざ文章を読み始めるとなかなかうまくはいきません。途中で声をかけます。しばらくは手が動きます。また止まります。その繰り返しです。新しい習慣はすぐには身につきません。でも、今まで文章を読まずに答え探しだけをしていた子どもたちが、音読をしながら文章に向かっているのですから、それはたいした成長です。気長につきあっていればできるようになります。辛抱して待ってください。

慣れるまでは「シンプルな印つけとメモ書き」を心がけること、このやり方をして正答したときに、すかさずほめること、この時間は絶対に怒らないことが継続の秘訣です。

②「印つけとメモ書き」を読解に結びつけるには

「内容確認」をすると文章を読むコツが身につく

「印つけとメモ書き」の練習

「音読をしながら、印つけとメモ書き」の丁寧な読み方を練習しているが、なかなか国語の点数が上がらないというご相談をたびたびいただきます。この点につきましては、自分の「印つけとメモ書き」を十分に活用して「内容確認」をすることで解消していきます。「印つけとメモ書き」で目に見えるようになった設問と本文が、「内容確認」をすることで、さらに明確になるためにスムーズに解答ができるようになるということです。

子どもたちにとっては初めての国語の訓練です。手間をかけて「内容確認」を親子ですることで、「印つけとメモ書き」という手作業をきちんと解答に結びつけていきましょう。

「内容確認」について

「内容確認」とは、「印つけとメモ書き」をして読んだ文章の理解を、さらに深める方法です。具体的には、「印つけとメモ書き」をしながら問題文を読み終え、すぐに解答をするのではなく、「印つけとメモ書き」にそって文章の内容を話し合い、確認の作業をし、それから解答に進みます。

そのときに不足している「印つけやメモ書き」をさせます。「ここは理由だから（理）と書いておこうね」、「繰り返し出てきていることばだからきっと大切なことばなんじゃないかしら。四角で囲んで、上にメモをしておきましょうね」というような声かけをします。「印つけとメモ書き」を十分に活用して「内容確認」の作業をすることが、読み取りに結びつきます。

をして問題を解くときは、お母様があらかじめ解答、解説を読んでおき、解答に必要な本文の箇所を押さえて「内容確認」の準備をなさってください。この手順を踏むと子どもはスムーズに解答していきます。「印つけとメモ書き」をしたから正答したという経験をすることで、子どもたちは次第に文章を読むコツを身につけていきます。

文章の内容がわかると「読むことは楽しいこと」と感じるようになります。おまけに、「国語の成績が上がった」という経験をすれば子どもたちは、たちまち「国語好き」になっていきます。そうなれば、親子での「内容確認」は卒業です。

説明的文章において注意すること

初心の段階で練習する短めの文章では、話題、意見、結論という構成ではないこともあります。それは、長い文章を切り取って練習問題とするために、字数上、本来の結論の部分まで掲載できないことがあるからです。ですから、あまり深追いをせず、目の前の文章を読み取ったよう「印

物語的文章の「内容確認」

物語的文章では、登場人物の気持ちの変化と、その原因となるできごとを押さえます。「誰のどのような気持ちが、何をきっかけに、どのように変化したのか」ということの「内容確認」です。登場人物や場所、時もはっきりさせておきます。

説明的文章の「内容確認」

説明的文章では、何についての文章であるかという「文章の話題」と、それに対する「作者の結論」を結びつけて考えます。そして、結論に至るまでのいくつかの「作者の意見」を押さえます。作者のいくつかの意見の総まとめが結論であることを確認します。

初心の段階を過ぎたときには、さらに文中の「例と意見」の関係も確認するようにします。何を例に挙げてどのような意見を述べているのか、あるいは、意見を述べそれをわかりやすくするためにどのような例を挙げているのかということの確認です。

随筆文の「内容確認」

随筆文では、読み方も「内容確認」の仕方も物語的文章と説明的文章を合わせたやり方をします。まず、何について書かれている文章であるかという「文章の話題」を押さえます。それについて作者の意見が述べられているのならば、説明的文章と同じ「内容確認」をします。作者の感想（思い）が書かれている

つけとメモ書き」をするということにしてください。「この文章はこれで良い」、「『印つけとメモ書き』が良くできた」という感想で終わらせてください。

設問の条件も「内容確認」する

「内容確認」は本文だけではなく、「何についてどのように問われているのか」という設問の条件の確認もします。

教材について

練習しやすい文章を選ぶ基準は、塾のテキストやプリントの中からお母様ご自身が「面白い」あるいは、「なかなか良いことが書いてあるわ」と思った文章、さらに、自分がよく理解できそうな文章を選ぶということになります。問題集を一冊渡して「これやりなさいよ」ではなく、ご自身の目で選んであげてください。

練習の初めの段階では八〇〇字以内、少し慣れたら一〇〇〇字程度の文章が適当です。「そんなことでは長文を読む練習にはならない」とお思いでしょうが、この程度の長さの文章を正確に読めなけ

のならば、物語的文章と同じ「内容確認」をします。中学入試では、作者の意見が述べられている随筆文が多く出題されています。

「印つけとメモ書き」をなさる時に気をつけていただきたいこと

実例はあくまでも参考に

この本では第三章と第四章において、「印つけとメモ書き」の実例を載せました。これは例ですから、この通りにしなくてはならないというものではありません。あくまでも参考になさって、子どもたちがやりやすい「印つけとメモ書き」を親子でお考えください。

「大切に思ったところ」を大切に

「印つけとメモ書き」をする箇所は第一章に提示しております。この中で、「大切と思ったところ」といたしましたところは、自分でここが大切と思ったところです。そこに迷わず「印つけ」をさせてください。「自分でそう思う」ということは、文章を読んでいる証拠です。お母様からすると「トンチンカンなところに『印つけ』をする」とお思いになるでしょうが、これが積極的に文章を読む第一歩になります。次第に読むことに慣れてくれば、「印つけ」も成長していきます。しばらく辛抱して、待ってあげてください。

れば、入試の長文を正確に読み取る力はつきません。どうぞあせらず、短い文章からお始めください。

説明的文章において、「ここは大切そう。でも、意見か説明かわからない」という場合、そこに「大切に思ったところ」の印つけをして先に進みます。それで大丈夫です。文章の構成をとらえるのではなく、「読む」ことが目的なのですから、「大切だ」と思うことが大事なことです。

「印つけ」は薄く

この本では、わかりやすくと考えて濃く「印つけ」をいたしております。実際に子どもたちには「なるべく薄くね」とアドバイスをしています。設問の番号が見えなくなったり、乱雑に見えてしまったりということを避けるために、薄くつけることとします。

「メモ書き」は簡単に

本という性質上、「メモ書き」も丁寧にしておりますが、実際には、子どもたちは「メモ書き」を丁寧にする時間はありません。ノートに書くのではなく、あくまでも自分に対する覚え書きなのですから、できるだけ簡単に、もちろん、ひらがなでちょこっと「メモ書き」をするだけでよいのです。たとえば、うれしいという気持ちには（＋）とハートマークをつけたり、繰り返されている大切なことばが、たとえば「忍耐力」ならば、「にん」とテスト用紙の上の余白に「メモ書き」したりということで充分です。どこに何が書いてあるのかが自分にわかればそれでよいのです。

お母様の「印つけとメモ書き」を見せてあげる

時どきはお母様のプリントを見せてあげてください。比べることが子どもたちにはよいヒントになります。「何だ、そんなので良いの?」と「印つけとメモ書き」をした私のプリントを見て子どもたちは言います。気楽に継続することが大切なことです。

第二章

「問題を解く国語」について

1 「読む練習」から「解く練習」への四段階

「読む練習」と「解く練習」

『お母さんが教える国語』では、「読書と読解」を分け、本書ではさらに、読解を「読む練習」と「解く練習」に分けて考えてまいります。

第一段階では、問題を解かずに文章を丁寧に読みます。第二段階では、本文から先に読み、設問、解答と進みます。これが「読む練習」です。

第三段階では、設問から先に読み、本文、解答と進みます。第四段階では、過去の入試問題を解く実践練習となります。これが「解く練習」です。

第一段階　丁寧に読む初めてのトレーニング「読む練習」

・八〇〇字程度の短い文章を選び、「音読をしながら、『シンプルな』印つけとメモ書き」をします。初めの二～三回は、問題はやらずに手作業の練習だけにします。

・読み終えたら「印つけとメモ書き」を中心に、丁寧に「内容確認」をします。

・文章の内容を理解するまで、同じ文章で繰り返し練習します。

第一段階

スポーツでも芸術でも、身につけるためには、ある期間は繰り返し、厳しく基本を鍛えます。読解の訓練においても同様で、一時期、文章を正確に「読む練習」をきちんとしなければなりません。辛抱強く練習していると子どもたちは、ある日を境にして、読

・問題をやりたい様子ならば、「印つけとメモ書き」を活用して正答できるような問題を一つ、二つ選んでやらせてみます。「印つけとメモ書き」をしたから「できた」と思わせてください。

第二段階　集中力を鍛える時期1　「読む練習」

文章を読む楽しさを覚える大変重要な時期です。

・本文→設問→解答の段階です。問題にも取り組みます。「印つけとメモ書き」をしながら本文を読みます。その後、設問に「印つけ」をして読みます。「印つけとメモ書き」を中心とした「内容確認」をした後、解答します。

・音読をしながらの手作業がスムーズにできるようになったときに、本文を一気に読み通す練習をします。一気に読み通すことで集中力を養います。

・解答は一人でさせます。あいまいな記憶ではなく文中の「印つけとメモ書き」に戻り、根拠をはっきりつかんでから解答をすることとします。

・時間制限はしません。

・すぐに答え合わせをします。このときに、自分の「印つけとメモ書き」を活用して解答しているかどうかチェックし、「印つけとメモ書き」がしてあるから正答したという経験をさせます。

むときの姿勢そのものが変わるということがあります。文章が読めるようになってくるのです。

第二段階

「文章を読む練習」です。

国語の文章を丁寧に読めるようになると、子どもたちは「この文章良い文章ね」、「おもしろいことが書いてあったね」と感想を言うようになります。文章が心に触れたということでしょう。こうなると「読むこと」で成長していきます。「読解は嫌いだけれど、読むのは好き」というのがこの時期です。

「読む練習」から「解く練習」への橋渡し

この第二段階では「読む練習」を十分にしますが、「印つけとメモ書き」を活用して問題にも解答します。それが次の段階の「解く練習」への橋渡しになります。

「読む練習」で成長する

一～二段階には充分に時間をかけてください。自分が読みたい文章ではなく、与えられるさまざまな分野の「初めて目にする難しい文章と向き合う」経験が、子どもたちを成長させます。慣れるまでは「わからない」、「つまらない」と言うこともあります。しかし、一緒に「音読をしながら、印つけとメモ書き」をしてゆっくり読み、読み終わってから「内容確認」をかねて感想を言ったり、話し合ったりするうちに、子どもたちは「読む楽しさ」を知ります。どんな文章でも丁寧に読めば理解できることがわかり、難解な文章をどうにか読み進めていこうという気力が芽生えます。

第三段階以降の、設問を先に読む「解く練習」の段階では、文章を読むことで「未知の文章に出会うドキドキ、ワクワク」という感覚を得ることはできません。この第二段階をゆっくり、じっくり経験することこそが、子どもたちの将来の国語力の土台となるのです。三段階以降の実践練習では身につけることができない重要な訓練です。充分時間をかけてください。

第三段階　集中力を鍛える時期２　「解く練習」

時間制限をせず、問題を解く練習をします。

・設問→本文→解答の段階に入ります。

・問題文を読むときには必ず「鉛筆で読む」という習慣がつき、正答率が上がってきたときにこのステップに進みます。六年生の夏か秋口からでよいでしょ

第三段階

ここからは「問題を解く練習」です。

一～二段階を経て、読む練習を充分に積み上げ、読むことを楽しめるようになったときに、次は、「嫌いな読解」を「好き」にさせれば良いのです。

う。

・設問から先に読み、問われていることやミスをしやすいところに「印つけ」をします。このときに設問を覚えようという気持ちで集中させます（選択肢問題の一つ一つの文章は読みません）。

・次に本文に「印つけとメモ書き」をしながら一気に読み通し、解答します。

・この頃には黙読でよい場合もありますが、正答率が高くない場合はまだまだ音読が必要です。

「設問から先に読む」とは

設問を先に読むことで、本文の読み方が、解答するために必要なポイントを押さえたものになり、スピードを上げることができます。たとえば、段落分けの問題があることを本文を読む前に知っていれば、それを意識して本文を読むので、解答はスムーズにできます。全文を踏まえて気持ちを読み取る記述問題があることを知っていれば、それを意識して本文を読みます。また、本文の重要な箇所が設問として出されているので、設問の文章自体が読み取りのポイントや、ヒントになる場合もあります。

「設問を先に読むこと」は、六年生の夏休みか秋口頃からの、実践練習における問題を解くためのテクニックの一つです。この練習をあまり早くからすると、常に設問という条件に合わせた読み方をするようになり、「文章は解答するためのもの」になってしまいます。

先入観なく未知の文章を読むことでこそ、感動したり、不思議に思ったり、

どの子も読解問題ができるようになれば、「国語好き」になります。そのためには、たとえば、「設問から先に読む」、「選択肢問題の解き方」などいくつかのテクニックを覚えることが必要となります。六年生の夏から秋にこのテクニックを練習すると、子どもたちは、「時間制限しなければ正答する」という状態になります。

空想したり、あるいは、知識を得たり、納得したり、疑問に思ったりという経験ができるのです。「設問から先に読む」ことを早くからすると、特にこの年代の子どもにとって、文章を読むこと成長ですするという最も大切な部分が希薄なものになりますので充分に気をつけてください。

第四段階　実践練習の時期「解く練習」

制限時間内で問題を解き、点数に結びつけます。

・実践の過去問演習の時期になります。六年生の秋口が適切な時期です。

・最終的には、学校ごとの入試問題の制限時間内で解答し終えるようにします。

・「丁寧に読むこと」、「内容確認をすること」、「鍛えた集中力」、さらに、「設問から先に読むこと」を結びつけて、制限時間内に一定基準の点数をとる練習をする時期です。

・国語の問題は学校ごとに違いがあります。また、六年生での模擬試験とも大きな違いがあります。ですから、志望校の過去問を繰り返し、それに特化した練習をこの時期にすることが最も大切です。

皆が悩んでいること

「読む練習」と「解く練習」を分けて考えることは必要なことですが、この二つを切り離すことはできません。第二段階では「読む練習」が中心ですが、実際は練習問題を「読み」そして設問、解答と進むわけですから「解く練習」も

第四段階

最終段階です。六年生の夏過ぎ、秋口からは、時間制限内に解くための練習をします。ここで初めて志望校の過去の入試問題を、学校ごとの問題にふさわしい取り組み方で解きます。

スピードではなく、正確に解答すること

「音読をしながら、印つけとメモ書き」の読解法には、即効性はありません。ホームページや本を読んで

するということになります。
中学・高校の国語の授業においても、文章を読むことが中心です。しかし、中間試験、定期試験では読解問題が出されます。そこで子どもたちは「国語ができない」と悩むのです。中学受験の国語の訓練においても同じことが言えます。まだ子どもたちが「読む練習」が必要な段階であっても、組み分けテストのような大きなテストの読解問題では、ある程度の点数を出さなければなりません。その狭間で、私を含めて皆が悩んでいます。

文章を読むためには時間が必要であり、問題を解くには制限時間内で正しく解答する必要があります。時間の使い方が正反対なのです。でも、どうにかなるべく時間をかけずにこの二つを結びつけて、良い結果を出さなければなりません。

「設問から先に読む」というテクニックが、この二つの間にあるのですが、第二段階をある程度身につけたとき、具体的には、テストの答案の前半は正答するようになったが、後半は時間切れというような場合、時どき「設問から先に読む」練習をするということも、親の安心のためには良いかもしれません。でも、これはあくまでも目先のテスト対策なのですから、六年生の夏前までは、日々の練習は「本文を一気に読み通し、設問、解答」とすることを忘れないでください。

このやり方を始めたけれど、点数に結びつかないとお思いの方にお伝えしたいことは、「スピードがないから点数が上がらない。もっと速く！」と先に先に進むのではなく、「読む練習」が充分にできているかどうか、特に「読む練習」の第一～二段階が定着しているかどうかを今一度確かめる必要があるということです。

充分に「読む力」が養われる前に、「解く練習」をしても、思うように力はつきません。時間内で解き終えても、正答しなければ何にもなりません。まず充分に「読むこと」の練習をしてから、短い期間、たとえば「設問から先に読む」というような「問題を解くテクニック」を訓練します。「読むこと」、「解くこと」が身についたときが入学試験のその日であればよいのです。

2 「読み解くスピード」について

大きな壁

文章を「読むこと」と問題を「解くこと」の間には時間制限の有無という大きな壁があるということは前にも述べました。時間内で解くことを優先すると、子どもたちは素早く「空欄を埋める」ことで、「できた」と思ってしまいます。でも正答率は低いのです。反対に丁寧に読むことを優先すると、点数はなかなかとれません。子どもたちは「自分は国語ができない」と思ってしまいます。時間という大きな壁をどのように乗り越えていけばよいのでしょう。

「時間対策」の四本の柱

「時間対策」には四本の柱が必要です。一本目は、『お母さんが教える国語』でも述べた「一気に読み通すことで鍛える集中力」、二本目は、本書で述べている「『印つけとメモ書き』および、文章の『内容確認』による文章理解」、三本目は、「設問から先に読むなどの解くためのテクニック」です。さらに、四本目の柱として、六年生の秋頃から志望校の過去問演習が加わります。ここで子どもたちは学校ごとの実践方法を身につけていきます。そして、入試のその日には「スピード」についての不安は消え、明るい気持ちで文章を読み解いていきます。

「印つけとメモ書き」と「内容確認」がスピードをつけるベースになる

文章の内容を大体つかめた程度では問題文を読み解くことはできません。正確に読み取れていないために答えを探すのに時間がかかり、その上、あいまいな記憶で解答するために正答率が低いという悪循環に子どもたちはおちいっています。

「印つけとメモ書き」で読み取ったことを目に見えるようにしておけば、解答時に素早く本文のどこに戻ればよいかがわかりますから、解答に時間がかからなくなります。また、「印つけとメモ書き」と「内容確認」で文章の内容を理解する力を充分につければ、当然読み取りは深く、正確になります。迷うことなく解答しますから、解答には時間がかかりません。

このように、丁寧に読むことが、時間内に解き終える「読解のスピード」のベースになります。

「設問から先に読む」ことで確実にスピードアップする

「印つけとメモ書き」で先入観なく「読む」練習を積み上げ、「内容確認」をして文章理解を深め、コツコツと読み取る練習を重ねていると、早ければ三カ月ほどで「読める」ようになります。そこからまだしばらくは設問という条件にとらわれずに「読む練習」を充分に積み上げます。そして、六年生の夏過ぎ、秋口頃の「解く練習」で、「設問から先に読む」というテクニックを学ぶと、本文を読むポイントがわかるようになるため、「読解のスピード」に関する心配は次第に解消していきます。「読む力」と「解く力」は同時に養うことは難しいのです。

「読み解くスピードが遅い」ことの二つのパターン

さて、「読み解くスピードが遅い」ということは、「時間不足」が本当の原因でしょうか。早く読めばそれで解決するのでしょうか。今一度、子どもたちの答案を見直してください。大きく二通りの答案に分けられます。

①手をつけた問題の正答率は高いが、後半は手つかずの場合

前半は解答してあり正答率も高いが後半は空欄という答案は、良い答案といえます。「印つけとメモ書き」をして一生懸命に解いたけれど、時間が足りなかったのです。丁寧さはあるのですから課題は「スピード」だけです。この場合は、「音読をしながら、印つけとメモ書き」をし、一気に読み通して集中力を高めること、および、文章の「内容確認」を継続することで「読みの質」を高めていれば、六年生の後半の「設問から先に読む」という解くための練習で必ずスピードはついていきます。

やはり、待つことが必要

文章が読めなければ、解くことはできません。「読む力」を養うには時間がかかりますし、辛抱がいることですが、どうぞそのときが来るまで待ってください。いろいろな方法に手を出したり、さまざまな問題集を与えたりするのではなく、とにかく時間をあおらず丁寧に「読む練習」を第一にと心がけてください。それまでの期間、国語の偏差値は思うように上がらないかもしれません。でも、目先の点数を上げることが目的ではなく、入試のその日に明るい気持ちで「国語」に取り組めることが本来の希望なのです。明るい心と、風通しの良い頭でその日を迎えることができるよう、丁寧に力を積み上げます。

六年生の夏頃からは「設問を先に読む」練習

具体的には、六年生の夏休み頃、「本文→設問」の段階の練習を充分に積んだときに、次の読みの段階である「設問→本文」の実践練習に入ります。いよいよ受験のテクニックとしての練習です。設問を先に読むことで、本文の読み方が解答に必要なポイントを押さえたものになり、実践としてのスピードを上げることができます。たびたび述べますが、この練習をあまり早くからすると「文章は解答するためのもの」になってしまい、文章を読むことで成長するという最も大切な部分が希薄なものになりますので気をつけてください。

過去問演習で時間を意識させる

このように「読む練習」をベースにして「解く練習」を進め、読解のスピードを速めます。さらに、過去問演習をすることで、制限時間内に解くための具体的な時間配分を自分で考えるようになります。大問一題を一五～二〇分を目安に解くように意識することで集中力も高まり、必ず時間内に解けるようになります。

②解答欄はすべて埋まっているが正答率が低い場合、あるいは、最後まで手をつけているが解答欄が虫食い状態である場合

このような場合、今の状態でスピードを要求しても無理です。上滑りな学習をしているのですから、丁寧な読み方を徹底させることが課題となります。ス

入試当日は時間内に解ける

今までの経験では、入学試験のその日に「間に合わなかった」というお子さんは一人もいませんでした。「漢字と知識問題をやって、大問一が終わったら、あと一二～一三分しかなくて、あせったよ。すっごい集中して急いで解いたよ」という子どもたちも、幸いに良い結果をみることができました。入試の日までに集中力を高める訓練をしてきたから、当日に最高の集中力を出せたのでしょう。

ピードはあっても正確さに欠けていては何にもならないのです。思い切って丁寧な読み方の基本に戻り、「読みの質」を変えることを第一に考えてください。

早く解くことを目的としない

実際、皆様のお悩みごとを伺い、子どもたちの答案を見て思うことは、「模試や組み分けテストで、常によい点数を取ることに重きを置きすぎているのではないか」ということです。まだ丁寧な読み方が定着していないのに、次の段階に進み、時間内に素早く解けることを要求しているのではないでしょうか。時間内に解けても正答率が上がらなければ、時間を早めたメリットはありません。

解答欄を埋めるだけ

「早く読みなさい、早く解答しなさい」と言われている間は、子どもたちの正答率は上がりません。なぜなら、「早く」という意識だけ働き、文章理解のための集中ができないからです。解答欄を埋めるだけということになります。テストの後に「全部できたよ」と言う子どもたちのことばは、「全部答えを書いてきた」という意味であって、「理解して解答した」ということではないのです。まずは、シンプルで丁寧な学習、量ではなく質の高い学習を心がけてください。

3 的確に解答し、点数に結びつけるための心得一二項目

短期間の「解く練習」は効果的

実際、受験を機に読書の質が変わる子どもたちも多いのです。入試準備期間後半の短い期間、「解く練習」をすることで成績が上がり、それが国語への自信につながります。「苦手な国語」も成績が上がれば「国語が好き」になるものです。

問題を解くテクニックを学ぶということ

「読む練習」をして読めるようになっても、いざ問題を解くにあたって、何が求められているのか、どこにポイントを置くべきかがわからなければ、なかなか点数には結びつきません。受験では、自分の力を点数で表さなければならないのですから、そこを何とかしなければなりません。

「設問を先に読むこと」で、限られた時間を効率的に使うこと、あるいは、「選択肢のやり方」を覚えて正確に解答することなど、次に述べますいくつかの問題を解くテクニックを学ぶ必要があります。本来ならば、テクニックを使って文章を読むなどということはこの年代の子どもには勧めたくないのですが、受験問題に向き合うためには、一時期このような「解く練習」もする必要があります。

「内容確認」で点数に結び付ける

練習段階では解答する前に、「印つけとメモ書き」を活用し

①練習を始める前に、毎回「印つけとメモ書き」を確認します。

親子の読み合わせのときに、毎回、文章の種類（物語的文章・説明的文章）

を尋ね、「印つけとメモ書き」をどのようにするのかの確認をします。自分で考えた「印つけ」のファイルを手元に必ず置きます。

②設問をもっと丁寧に扱います。

設問を読むときに、本文からの引用部分（傍線が引かれている文章）には薄く「印つけ」をし、ゆっくり丁寧に読ませます。本文の内容理解に必ず役立ちます。案外読み流している子どもたちが多いようです。今までよりも、もう少し設問に対する丁寧さを身につけさせてください。

③本文の傍線の後ろの文章も読みます。

解答するときに、設問で問われている本文の傍線の前後を読むことを再確認してください。傍線の前は注意して読むのですが、傍線の後ろはどうしてもおろそかになります。「後ろも読むのよ」と声をかけてください。傍線の前だけ読んで、強引に解答してミスをする子どもたちがあまりに多いので、確認の意味でここに挙げます。

④作者の伝えたいことをとらえます。

文中で繰り返されていることば、あるいは、言い換えて書かれていることばは作者が最も伝えたいことと大きく関係しています。前に戻ってでも必ず「印つけ」をし、余白に「メモ書き」をすることを確認してください。これをはっきりさせておくことで正答率が上がります。

て必ず「内容確認」をします。丁寧な読み方を点数に結びつける最良の方法です。大変重要な点です。

繰り返しのことばの重要性は、子どもの経験に重ねて教える

「あなたも小さいときには『あめ買って、あめが食べたい、あめがほしいよ』と繰り返し言っていたのよ」という会話は、繰り返しことばの意味を子どもの心に響かせる一つの方法です。身近なことでわかりやすく伝えます。これはお母様だからできることです。

⑤「つなぎことば」の問題は読み進めながら入れます。

つなぎことばは、本文を読みながらその場で入れていくこととします。このようにすると、つなぎことばの前後をよく読むようになります。それが内容の理解と解答の時間短縮につながります。

⑥段落分けの問題は読み進めながらやります。

読み終えてから新たに段落分けをするだけの時間はありません。

説明的文章では、繰り返されていることばに薄く印をつけておくことで、段落ごとの話題が浮き上がります。話題が変わったところが段落分けの目安となります。物語文では、時、場所の変化が場面分けの目安です。

⑦記憶を頼りに解答しないこととします。

記憶を頼りにしないことを改めてお伝えいたします。長文を覚えることは不可能です。あやふやな記憶ではなく、必ず本文に戻り、「印つけとメモ書き」を十分に活用して根拠を目で確かめることを習慣づけます。

⑧「わからないことば」は前後の文章から推し量ります。

わからないことばを「このことば、知らない」と無視するのではなく、何とか見当をつけて読む練習をします。前後の文脈からどうにか判断して読み進めることができるはずです。たとえば、わからないことばが気持ちを表すことば

語彙不足の対策として

この点にもう少し力を注げば、「語彙不足だから国語ができない」という悩みは軽くなります。今後の難解な文章の読み方に関わる重要な点です。

ならば、それがプラスの意味か、マイナスの意味か程度の見当をつけるだけでも良いです。熟語ならば、漢字の持つ意味から大体の意味を推し量れば良いのです。さらに「言い換えがあるかもしれない」という気持ちで文章を注意して読むことが読みの質を高めます。

⑨書き抜き問題では「　」をつけます。

「　」をつけて字数をはっきりさせ、書き写しミスという凡ミスをしないように気をつけます。

⑩記述問題では、設問の条件を丁寧に読みます。

設問に「印つけ」をして、何について聞かれているのか、その条件をはっきりさせます。問われている文章や段落に戻り、自分の「印つけとメモ書き」を頼りに記述に必要なことばを選びます。キーワードを一つ見つけて安心せずに、その前後をもう少し広く読んで確認する慎重さが必要です。また、設問にそった文末にすることにも気をつけます。

文末の不一致で減点されないように

文末に気をつけます。「なぜですか」という問には「…から」、「どのようなことですか」という問には「…こと」とします。設問にふさわしい文末にします。

⑪選択肢問題は確実に得点源となります。

選択肢問題は大きな得点源となりますが、その反対に部分点は取れません。ですから、選択肢問題のやり方をきちんとマスターして、より丁寧に解く必要があります。一番手ごたえのあるところですから、特に項目を設けました。次ページからの「選択肢問題について」を参考になさってください。

4
選択肢問題について

選択肢問題への取り組み方

『お母さんが教える国語』でも多くのページを割いて「選択肢問題への取り組み方」を書きました。「点数に結びついた」という声を多くいただいた項目です。丁寧に読み解く国語の学習は、その効果が表れるまでに時間がかかります。その中で「選択肢問題の取り組み方」は、すぐに効果が期待できる項目です。『お母さんが教える国語』の中でいくつかに分けて書きましたものを、本書では、この問題にしぼって整理してみました。

部分点がもらえない選択肢問題

「選択肢問題はやさしい」と言う子どもたちが多いのですが、それはあまり考えずにカンでも答えられると思っているからでしょう。「当たればラッキー」なのです。しかし、実は選択肢問題では設問、本文、選択肢の文章のすべてに正確な読み取りが要求されています。もう一歩の丁寧さを身につけなければなりません。まして、選択肢問題には部分点がありません。

解き方の基本

①設問では何を問われているのか、「印つけ」をしてはっきりさせておきます。

②解答をするまでに何回も設問を確認します。選択肢を読んでいる間に、設問が頭の中から消えてしまうことがミスにつながります。

③選択肢の文章を本文と検証して、合っているものには○、違うものには×、はっきり判断できないもの、あるいは、自分自身がよくわからないものには△をつけます。ただし、すぐに二択にできるものもあります。その場合は、残った二つの文章に○、×、△をつけて丁寧に検証します。

④思い切りよく○と×に分けるのではなく、あいまいなものに勇気を持って△をつけることでミスを防ぎます。

⑤○、×、△の印は、上の番号ではなく、選択肢の文章のその部分につけます。

⑥選択肢の文章が長い場合には、読点で上下に分けて、それぞれを丁寧に検証します。

七つのミスのパターンと、その対策

パターン1

選択肢の文章が、本文のどこかに書かれている場合、その文章自体が設問にそっていないにもかかわらず選んでしまうパターン

［対策］

選択肢の文中に本文と同じ内容や言葉が出てくると、子どもたちはあいまい

［声かけ］

「確かに文中にはそう書いてあるわね。でも設問で聞かれていることは?」と声をかけます。

な記憶で「あっ、これ書いてあった」と○をつけてしまいます。設問にそっているかどうか確認することでミスを防ぎます。

パターン2

選択肢の文章が常識を書いている場合「常識」に反応して、設問では聞かれていないにもかかわらず選んでしまうパターン

〔対策〕

設問で聞かれていることを常に確認する習慣をつけることでミスを防ぎます。

【声かけ】

「確かに常識ではそうよね。ところで、設問では何を聞かれているんだっけ?」と声をかけます。

パターン3

選択肢の文章が設問にそっておりだいたい合っているが、厳密にはそこまでは言っていないもの、つまり、言い過ぎているものを選んでしまうパターン

〔対策〕

内容が本文に添っていても、大げさな表現や言い過ぎているところには×をつけることでミスを防ぎます。

【声かけ】

「そこまで言っているかしら」、「言い過ぎていない?」と声をかけます。

※言い過ぎている箇所とは「べきである」「絶対」「必ず」のような書き方をしているところです。

パターン4

選択肢の文章を読み飛ばしているために、文末部分にある大切な条件を読まずに選んでしまうパターン。引っかけ問題に見事に引っかかってしまうパターン

〔対策〕

選択肢の文章が長い場合、子どもたちは文末まで読まず、文章の前半だけで判断してしまいます。読点を境に選択肢の文章を上下に分け、それぞれを本文と検証することでミスを防ぎます。

【声かけ】

「文末までちゃんと読みましたか」ときつく言います。

パターン5

選択肢が多い場合、最初の方にあるそれらしい選択肢を「正解」と判断し、それに○をつけて解答を終えると、すぐに次の設問に移ってしまうパターン

［対策］

たとえ最初の選択肢が合っていると思っても、それ以外の選択肢もすべて読むようにします。後半にもっとふさわしい選択肢があるかもしれません。すべての選択肢を必ず読むことでミスを防ぎます。

パターン6

パターン5と反対に、最後の選択肢一つを残してそれまでのものを×にした場合、「もうこれしかない」とばかりに、強引に最後の選択肢を○としてしまうパターン

［対策］

思い切り良く○と×をつけるのではなく、あいまいなものに△をつけることでミスを防ぎます。

パターン7

選択肢の文章が自分の考えと合っているとき、思い込みで選んでしまうパターン

［対策］

自分の考えで解答をするのではなく、文章に書かれていることに忠実に判断することを教えます。また、強引に○か×に分けるのではなく、少しでも迷ったら△をつけることでミスを防ぎます。

【声かけ】

「一、二番が合っていると思ったときには、注意しないとミスをするのよ。選択肢の文章は全部読まなくてはだめでしょう」と強く言います。

【声かけ】

「最後の選択肢は本当に合っているの？　もう一度初めからやり直し」、「あいまいなもの、わからないものには×をつけるのではなく、必ず△をつけるのよ」ときっぱり言います。

【声かけ】

「選択肢の文章には『こわい母』と書いてあるけれど、主人公は母のことをそう思っているのかしら」、「自分ならばそう思うということではなく、この文章にはどう書いてあるの？」、「良くわからないときには△をつけておきましょうね」と声をかけます。

「声かけ」の効果

以上、七項目を挙げました。子どもによって、ミスのパターンは決まっているものです。ミスをこの七つのパターンにあてはめて原因を把握し、正さなければならない点をその場で伝えます。子ども自身に「あっ、そうか」と思わせます。

また、どうすればよいかその対策を具体的に示して、「うん、わかった」と意識させます。的確な「声かけ」は、ミスしたことを単なるミス直しに終わらせないという効果があります。

七つのミスのパターンの原因と対策

次にミスの原因をまとめました。コピーして、六年生の子どもたちの手元に置いてください。自分のミスの原因とその対策を毎回確認させます。四〜五年生は、親が管理して、ミスした問題を直すときにガイドとしてお使いください。

①**どこか**に書かれていることを選んでしまう・・・・**設問**に戻る
②**常識**で選んでしまう・・・・・・・・・・・**設問**に戻る
③**言い過ぎ**ているものを選んでしまう・・・・・・・**言い過ぎは**×
④**文末まで**読まないで解答してしまう・・・・・・上下に分け**文末**まで読む
⑤**最初の選択肢**を選んで次の問題に進んでしまう・・**選択肢**はすべて読む

ミスのパターンを見極める

子どものミスのパターンを分析して、それを元に具体的に子どもを導きます。六年生には七つのミスのパターンを覚えさせ、ミスしたときにどのパターンに当てはまるのかを考えさせ、同じミスを繰り返さないよう自覚させます。

⑥**最後の選択肢**を強引に選んでしまう・・・・・・あいまいなものには△を
⑦**思い込み**で選んでしまう・・・・・・・・よくわからないときには△を

5

「印つけとメモ書き」Q&A——よくあるご質問とその回答

ホームページ「国語の寺子屋」や講演会でよくいただく「印つけとメモ書き」に関してのご質問と、それらに対する回答を次に記します。

質問1・練習をしているのですが、なかなか点数が上がりません。

回答

「音読をしながら、印つけとメモ書き」をして読み終えたら、「印つけとメモ書き」にそって「内容確認」をします。この練習をすると文章理解が正確になるので、正答するようになります。

質問2・この練習をしてすぐに成績が上がり始めたが、また元に戻ってしまいました。

回答

「印つけとメモ書き」の練習をして、案外早く国語の成績が上がった場合、「力がついた。もう安心」と思い、読み合わせをやめてしまうことが多いようです。しばらくすると成績は戻ります。まだ定着していなかったのです。

新しい習慣をつけるには最低三カ月間は必要です。「印つけとメモ書き」がある程度できるようになり、たとえ成績が上がったとしても、三カ月はきっちり親子の読み合わせと、文章の「内容確認」をなさってください。すぐに目を離してしまうと元に戻り、答えを探して「解答欄を埋める」という癖が出てきてしまいます。子どもたちは急いで解くことに慣れきっていますし、急がされています。「もう大丈夫」と思っても、もう少しの間、目を離さないでください。

子ども自身に危機感があるときには、すぐに点数に結びつくようです。今年も二月過ぎの入試結果のご報告メールに、一一月、一二月からこの練習を始め、入試までの短い期間で見事にマスターしたというお報せを何通かいただきました。「国語を何とかしなくては」と本気になったときの子どもたちの力は、大人の想像をはるかに超えます。毎年感心いたしますが、本当にたいしたものです。

質問3・本文を覚えようとして、ミスを繰り返しています。

回答

子どもたちの様子を見ていると、解答時に宙を見て「うーん」と、考え込んでいることがあります。覚えたつもりの頭の中の情報を、一生懸命引き出そうとしているのです。そして、あいまいな記憶をもとに解答を書き込んでいきます。こうして「当たらずと言えども遠からず」の答案ができます。

頭の中のあいまいな記憶だけで解答することは、ミスにつながります。まして、何千字という問題文を覚えることはまず無理です。宙を見て考えるのではなく、本文に戻って目で確認してから答えるようにと指示します。

「印つけとメモ書き」をしながら読んでいれば、読み取ったことが目に見えるのですから、解答に手間はかかりませんし、正答率も上がります。記憶だけではなく、手作業で明確にしていくことを教えましょう。

質問4・ミスした問題の直し方を教えてください。

回答

ほかの科目と違い、国語のミスはもう一度全文を読まなければならないために時間がかかり、ついつい後回しになってしまうようですが、丁寧に解き直しをすることは「読みの質」を変えるためには必要なことです。解説を読み、わかったつもりの答え直しでは読解の力を積み上げることはできません。

間違えた問題は、もう一度設問に「印つけ」をして条件をきちんと確認し、本文に戻ります。本文も「印つけとメモ書き」を確認しながら読み直し、内容の確認もして不足な点を補っていきます。不足していた「印つけとメモ書き」をさせると、ほとんどの場合正答します。解答の根拠となる部分がはっきり目に見えるからです。

解き直しで大切なこと

答えを直したらそれでおしまいという子どもたちが多いのですが、それだけではだめなのです。解き直しで大切なことは、「自分のミスの原因」を考えさせることです。「記述ができないから」、「書き抜きが苦手だから」というあいまいなものではなく、「設問では理由を聞かれているのだから、文末は（〜から）にしなければいけないところを（〜こと）としてしまった」、「設問では、部分を書き抜くという条件なのに、一文を書き抜いてしまった」というように具体的にその原因を考えさせます。

六年生の場合

六年生は「ミスの原因ノート」を作り、赤ペンで「文末に気をつける」、「部分か一文か」というように簡単に記させます。以後同じミスをしたら、その項目に×をつけます。「また同じミスをしちゃった」ということに気がつき、正そうと意識することで、子どもたちは大きく変化します。六年生の秋からの気力が違ってくるのです。

四〜五年生の場合

四〜五年生の場合は、あまり細かくミスを注意すると、やる気がなくなります。注意するのではなく、「丁寧に読んだからできた」ことを大いに褒めてあげてください。やる気を引き出すことが、子どもの力を伸ばします。しかし、陰ではお母様は子どものミスをきちんと分析して、書き出しておいてください。この作業さえしていれば「うちの子はどうして国語ができないのでしょう」、「どうすれば成績が上がるのでしょう」と悩むことは少なくなるはずです。

辛抱して、子どもたちの問題への取り組み方を探り、正してあげてください。子どもたちのミスのパターンはだいたい決まっています。

6 過去問について

国語の入試問題について

『お母さんが教える国語』でも述べましたが、国語の入試問題には学校側のメッセージがこめられています。先生方が時間をかけて一二歳にふさわしい文章をお選びになり、丁寧に問題をお作りになります。先生方のお気持ちそのものが映されるのですから、各学校の特色がはっきりと示されます。ですから、学校ごとの傾向に合わせた過去問演習をすることがたいへん重要なこととなります。

過去問演習の意義について

六年生の夏休み、あるいは秋口からは志望校の過去の入試問題（過去問）の演習をします。それぞれの学校の問題傾向は、記述問題中心、選択肢問題中心、あるいは、その混合というように分かれます。ですから、志望校の傾向にそった学習が必要になります。

①過去問演習をすることで、子どもたちは志望校の問題傾向を身体で覚えます。

②繰り返して解き、ミスした問題の直しをするうちに、志望校にふさわしい解き方を身につけていきます。

③時間内に解答するための時間配分も、やっと自分で考えるようになります。

④いよいよ入試が近づいてきたという緊張感がさらに集中力を高めます。

志望校に合わせた過去問演習は、このように大きな意味があります。子どもたちを「本気」にさせるのは、導き上手な塾の先生方と、過去問なのです。

各家庭での過去問演習（六年生の夏休み後半か秋口から）

①週三回（国語が苦手な場合は毎日）、大問一題、二〇分を目安に訓練します。すぐに答え直しをしますので、合計四〇～五〇分が必要です。

②入試の実践練習として、時間を設定し、本番と同じやり方で一年分ずつ解きます。制限時間は多くの学校で四〇～五〇分です。文章の内容が頭に残っているうちに答え直しをします。三〇分はかかります。案外時間をとりますので、早めに学習計画をたてます。

上記の二点をスケジュールに組み込み、六年生の秋からは志望校に特化した学習をします。第一志望は七～一〇年を二回ほど解き、そのほかは三～五年分を一回は解きます。過去問集をそのまま渡すのではなく、問題文は一年分ずつコピーし、解答用紙も実物大に拡大コピーして子どもたちに渡します。

大切なのはミスした問題の解き直しをすること

実践の力がつくのはこれからなのですから、一回目は、点数は取れなくて当たり前です。低い得点に、がっかりして否定的なことを言わないように気をつけてください。過去問アレルギーにしてしまうのではなく、励ましながら、明るい気持ちで過去問に取り組めるよう心配りをして、入試本番に向けての力を確実に積み上げましょう。一二月頃にやる二回目の得点を合格者平均点や合格者最低点と比べることで予測をたて、最終の学習対策を練り上げます。そのための過去問演習なのですから、プラスの方向で考えてください。

ここで大切なのは、何点取れたかということではなく、ミスした問題をすぐに解き直しすることです。必ず本文に戻り根拠を示させること、今日のミスの原因を赤で大きく書かせ、同じミスを繰り返していることに気づかせ、そこを正すことなのです。

また、選択肢問題のやり方をマスターすること、ミスノートを作り、漢字、知識問題の隙間勉強を入試の前日までにすることは『お母さんが教える国語』にも書きました。

もう一点気をつけていただきたいことは、模擬試験の結果に惑わされないことです。模擬試験の国語は、志望校と傾向が違う場合がありますから、結果はあくまでも目安として考えます。合否の基準は、過去問集に載っている合格者平均点や合格者最低点のほうがわかりやすいでしょう。

過去問の実践方法について

ここでは、設問を先に読み、問題の見極めをし、その後本文を読むというやり方の説明をいたします

①制限時間を確認し、試験問題全体を見渡します。

②漢字、知識問題は先にやります。

③設問に「印つけ」をしながら読みます。

設問は覚えることはなかなかできませんが、ぐっと頭に入れるようにと意識させます。このときに、読み進めながらできる問題と、読み終えないとできない問題とを見極め、設問の番号に印をつけておきます。このことは今まで練習していないことですが、実践では大変重要なことになります。全体を見渡す訓練としてここで身につけさせます。

④本文に「印つけとメモ書き」をしながら読み始めます。

段落分けの問題、つなぎ言葉の穴埋め、指示語の問題など、読み進めながらすぐに解答できるものは解答用紙にどんどん書き込みます。

記述問題など、全文読まなければできないものは、何を聞かれているのか設問をもう一度確認し、必要と思った文章や語句に「印つけとメモ書き」をしてはっきりさせながら、読み進めます。

⑤選択肢問題は選択肢に○・×・△をつけて本文と検証します。

あわてて読むとミスをします。気をつけよう、丁寧に読もうと意識させます。

⑥書き抜きの問題は、写し間違えをしないように［　］をつけます。

⑦難しいと思った問題で立ち止まらないようにします。

前半にある難しい問題に時間をかけ過ぎると、後半にあるやさしい問題に手をつけられないことがあります。

志望校にふさわしいやり方で

過去問の取り組み方としては、設問を先に読み、その後本文を読みながら解答するやり方と、本文を先に読み、その後設問を読み、解答していくやり方の二通りがあります。

全文を踏まえての記述問題や、段落分けの問題が多い場合は設問を先に読んでおいたほうがやりやすいでしょう。設問が大変多く、選択肢問題の数が多い場合は本文を読み進めながらどんどん解答するほうが良いでしょう。学校ごとのふさわしい方法を親子でお考えください。

入試と同じ時間枠で取り組む

入試と同じ時間枠の中で、一人で真剣に問題に取り組むという厳しい試練に向かうことが、今まで培ってきた「丁寧さ」と「集中力」の二つをしっかり結びつけます。親はここではもう伴走できません。見守るだけです。

練習段階での解答方法と、過去問での実践としての解答方法には少し違いがあります。練習時には本文を一気に読み通しそれから解答に進みましたが、実践では読み進めながらどんどん解答欄に書き込んでいくこととします。丁寧に読めることを前提とした時間短縮の実践的な方法です。この練習は、六年生の秋過ぎてからで十分に間に合います。それまではじっくりと読みの質を高める練習をなさってください。

第三章

「印つけとメモ書き」練習編

1 物語的文章への「印つけとメモ書き」の実例・初級

「シンプルな印つけとメモ書き」の練習

初級では「シンプルな印つけとメモ書き」の練習をします。音読をしながら目と手（鉛筆）で読むという読み方に、子どもたちはとまどうかもしれません。筋だけをさっと読むという姿勢を正し、文章から目を離さない練習の第一歩です。

初心、あるいは、読み方を正すための初級コースを、やわらかい文体で平易な文章の物語文、『おかの上のきりん』（浜田廣介著）で練習いたしましょう。

「シンプルな印つけとメモ書き」をする箇所

物語的文章では、気持ちを表すことば、気持ちの変化の原因になるできごとに「印つけ」をし、余白に「メモ書き」をします。つなぎことば、登場人物、時、場所にも「印つけ」をします。それぞれの「印」は子どもたちに考えさせてください。自分の決めた印を紙に書きとめて透明なファイルに入れ、練習時には必ず手元に置くようにします。

「印つけとメモ書き」で文章を読む練習をする

初めて目にする文章を丁寧に、積極的に読んでいく練習です。文章を問題文ではなく、きちんと文章として読む練習をする必要があると考え、設問という条件のないものを載せました。ワクワクしたり、なぜと立ち止まったりという経験をさせてください。『お母さんが教える国語』と同様に、今回も練習時には音読をなさってください。

手（鉛筆）で読むとは

有名な「ルビンの壺」は、ピントを合わせたものによって見えるものが変わるという例です。この年代の子どもたちに鉛筆で「印つけとメモ書き」をしながら読ませること

物語的文章への「印つけとメモ書き」の実例　初級
―「印つけとメモ書き」で読み解く力を養う

練習文

　アフリカの森のどうぶつ、きりんの話をしましょうか。ジラフともよばれるきりんは、くびと足とがたいそうながくて、

「このくびが、天までとどくといいんだが。」

　そう、いつもいっていました。

　ところで、森のどうぶつどもに、しんぱいごとがありました。空にでてくるお月さまが、このごろほそくやせていくではありませんか。それはどういうわけだろうかと、どうぶつどもはかんがえました。だが、そのわけがわかりません。

　どうぶつどもは、一つところにあつまって、青い木の葉《は》に字をかきました。

「どうしましたか。お月さま、まんまるくなってください。あかるく大きくなってください。」

　そうかきました。

「これは木の葉のはがきだよ。」

「お月さままで木の葉のはがきをとどけよう。」

と、だれかとだれかがいいました。

「空までとおい。とどけるわけにはいくまいが、目のちかくまでさしだして見せてあげよう。足がながいし、くびがながいし、見せるやくめをするものは、

は、それと同様に文章そのものに集中させる効果があるのではないかと思います。

物語的文章「シンプルな印つけとメモ書き」をする箇所

　時・場所・登場人物・気持ちを表すことば・できごと・つなぎことば・大切に思ったところ・印つけが長文にわたるところ

ぼくかもしれない。」

　きりんは、やくめをひきうけて、木の葉のはがきをくわえると、あたまを空にむけました。高い高いパンヤという木が、すぐそばに立っていました。その木の上にのぼるとすれば、きりんのくびは、ずっとずっと空にのびるでありましょう。けれども、きりんはさるとちがって、木のぼりなんかできません。きりんは、そこでかけだしました。のはらの中の一ばん高いおかをのぼっていきました。おかのてっぺん、すこしばかりたいらなところにつくんと立って、木の葉のはがきをお月さまにさしだしました。けれども、空はずっと高くて、きりんのくびを百ぐらいつぎたししてもとどきはしないとおもわれました。けれども、きりんはくびをのばして立っていました。いつまでもしんぼうづよく立っていました。そうしているまに、おなかがだんだんすいてきました。木の葉のはがきをごそごそとかんでたべたくなりました。

　だが、がまんしてたべません。

　のばしたきりのくびすじがだんだんにつかれてきました。

　だが、がんばってくびをちっともさげません。

「どうして、きりんが、ああやって、あそこに立っているのだろうか。おかしいな。」

　うごかないきりんのすがた。高いとおい空の上から、お月さまはじっときりんを見おろしました。口もとの青い木の葉に気がつきました。お月さまは、光をいくらかつよくして、青い木の葉をちらちらとてらしてみました。すると、木の葉に字がぽつぽつとかかれていました。

「わたしに読《よ》めということらしい。よく読まなくちゃ。」

目を二つまるくこらして、お月さまは字を読みました。

「そうか。そうか。わかったよ。そのうちにまたあかるくなるよ。しんぱいしないでまっておいで。」

お月さまは、森のみんなにきこえるように空の上からいいました。

「やれ、これでやくめがやっとおわったよ。」

きりんは、はじめてほっとして、ながいほそいくびをふらりとさげました。

浜田廣介「おかの上のきりん」より

「印つけとメモ書き」の実例

ここでは気持ちを表わすことばとできごとを中心にメモ書きをしました。

「だが」「しかし」という逆接のつなぎことばに続く文章には印つけをします。

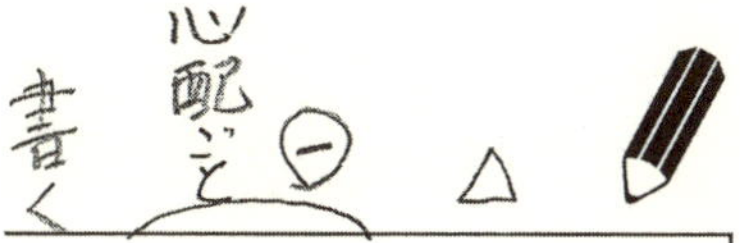

アフリカの森のどうぶつ、きりんの話をしましょうか。ジラフともよばれるきりんは、くびと足とがたいそうながくて、

「このくびが、天までとどくといいんだが。」

そう、いつもいっていました。

ところで、森のどうぶつどもに、しんぱいごとがありました。空にでてくるお月さまが、このごろほそくやせていくではありませんか。それはどういうわけだろうかと、どうぶつどもはかんがえました。だが、そのわけがわかりません。

どうぶつどもは、一つところにあつまって、青い木の葉《は》に字をかきました。

「印つけとメモ書き」の説明

・登場人物はきりん、場所はアフリカです。
・きりんの願いは気持ちとしてとらえ、△をつけました。ハートのマークにしても良いでしょう。子どもたちに工夫させてください。
・「ところで」というつなぎことばに続く三行には、どうぶつどもの心配する気持ちが書かれているので大切と思い、上に大きな括弧をつけました。こうすると線引きをずるずるしないので、長

わかりやすくなります。

「どうしましたか。お月さま、まんまるくなってください。あかるく大きくなってください。」

そうかきました。

「これは木の葉のはがきだよ。」

「お月さままで木の葉のはがきをとどけよう。」

と、だれかとだれかがいいました。

「空までとおい。とどけるわけにはいくまいが、目のちかくまでさしだして見せてあげよう。足がながいし、くびがながいし、見せるやくめをするものは、ぼくかもしれない。」

きりんは、やくめをひきうけて、木の葉のはがきをくわえると、あたまを空にむけました。高い高いパンヤという木が、すぐそばに立っていました。その木の上にのぼるとすれば、きりんのくびは、ずっとずっと空にのびるでありましょう。けれども、きりんはさるとちがって、木のぼりなんかできません。きりんは、そこでかけだしました。のはらの中の一ばん高いおかをのぼっていきました。おかのてっぺん、すこしばかりたいらなところにつくんと立って、木の葉のはがきをお月さまにさしだしました。けれども、空はずっと高くて、きりんのくびを百ぐらいつぎたししてもとどきはしないとおもわれました。けれども、きりんはくびをのばして立っていました。いつまでもしんぼうづよく立っていました。そうしているまに、おなかがだんだんすいてきました。木の葉のはがきをごそごそとかんでたべたくなりました。

だが、がまんしてたべません。

い線引きをさせると、子どもたちは線を引くだけで、文章を読みません。それを防ぐために、大切な長い文章の上には大きな括弧をつけることにしました。その場合、また括弧をつけて満足してしまうことがありますので、大きな括弧をつけた文章のなかで、一番大切と思った部分に「印つけ」をさせます。ここでは「しんぱいごと」が大切なことばですから、限定の印つけをしました。こうして、文章から目を離さないように訓練します。

・「だが」という逆接のつなぎことばの後の文章は大切です。「そのわけがわかりません」に限定の印つけをします。

・木の葉に字を書いたというできごとです。

・はがきを「とどけよう」と思ったどうぶつどもの気持ちです。△にしました。

・一五行目からの三行は読み流しやすい部分ですが、きりんの気持ちが書かれてい

がんばって△　月　気がつく　読む　伝える　きりん　安心

のばしたきりのくびすじがだんだんにつかれてきました。

だががんばってくびをちっともさげません。

「どうして、きりんが、ああやって、あそこに立っているのだろうか。おかしいな。」

うごかないきりんのすがた。高いとおい空の上から、お月さまはじっときりんを見おろしました。口もとの青い木の葉に気がつきました。お月さまは、光をいくらかつよくして、青い木の葉をちらちらとてらしてみました。すると、木の葉に字がぽつぽつとかかれていました。

「わたしに読《よ》めということらしい。よく読まなくちゃ。」

目を二つまるくこらして、お月さまは字を読みました。

「そうか。そうか。わかったよ。そのうちにまたあかるくなるよ。しんぱいしないでまっておいで。」

お月さまは、森のみんなにきこえるように空の上からいいました。

「やれ、これでやくめがやっとおわったよ。」

きりんは、はじめてほっとして、ながいほそいくびをふらりとさげました。

浜田廣介「おかの上のきりん」より

「音読をしながら『印つけとメモ書き』ができましたでしょうか。今回は初級の練習ですので「印つけ」をシンプルにいたしましたが、この文章では繰り返されていることばが三つあります。「木の葉のはがき」、「やくめ」、「さしだす」です。このことばを四角で囲んでみてください。この文章のポイントがさらに

ますので大切な文章です。上に大きな括弧をつけました。きりんのやさしい気持ちですから♡をつけました。

・「けれども」、「木のぼりができない」のです。

・場所が書かれています。「のはらの中の一ばん高いおか」に限定した印つけをしても良いですし、このように「おか」だけを○で囲んでも良いです。

・「はがきをお月さまにさしだし」たことはできごとです。

・「けれども」「どときはしない」と思ったのです。「けれども、だが」という逆接のつなぎことばの後に書かれている、「しんぼうづよく、がまんして」「がんばって」というきりんの気持ちを上の余白に「メモ書き」し、△をつけました。気持ちが繰り返し書かれている大切な部分です。上に大きな括弧をつけました。ここでは子どもたちはどのような印を考えるのでしょうか。

・後半の限定の印つけとメモ

はっきりします。これは中級での「印つけ」となりますが、無理がないようならば、初級でも活用なさってください。

繰り返すことで読む力を積み上げる

「印つけとメモ書き」は面倒なやり方とお思いになるでしょうが、文章が難しくなると、筋がわかった程度では解答ができません。このようにやさしく、短い一つの文章を何回か繰り返すことで、「印つけとメモ書き」のよい習慣をつけてください。やさしい文章だからこそ、繰り返しの練習が可能なのです。多くの文章を読むことよりも、一つの文章を繰り返し、深く読むことのほうが読む力を積み上げることができます。さらに、次の「内容確認」をすることで、確実に読み解く力を養います。

「内容確認」で読み解く力をつける

やさしい文章ですから「印つけとメモ書き」をしなくても筋は読み取れるでしょう。しかし、内容を尋ねると、案外あいまいに読んでいることがわかります。「印つけとメモ書き」を見ながら、内容確認をすることで、「正確に読み取る」ことを学びます。それがこれから先の「読み解く力」となります。「ここに書いてある」と確認させて、あいまいな記憶に頼らないという姿勢を初級の間に身につけます。

書きはできごとです。

・「森のみんな」にきこえるように言ったのですから印をつけておきます。きりんだけに言ったのではないことをはっきりさせておきます。

・「やくめ」をおえたきりんの気持ちの変化が書かれています。「ほっとして」というきりんの様子には「印つけ」をして、「安心」と言い換え、（＋）と「メモ書き」をしました。

楽しみながら「内容確認」をする方法

「メモ書き」にそって、次の六点について楽しく話し合いながら「内容確認」をします。きちんと読み取れていなくても怒らないことを心に決めてください。今は初級、初めての練習です。

①「動物どもの心配ごと」についての確認をします

子どもたちは「しんぱいごと」を『月が細くなること』と思っている場合があります。自分の経験に照らし合わせて、『満月から三日月に変わっていくのを心配している』と考えたのでしょう。しかし、本文には「どういうわけだろうかと」、「だが、そのわけがわかりません」と「わけ」が二回繰り返されています。森のどうぶつどもの「しんぱいごと」は、『身体が細くなっていくこと』ではなく、『細くなっていく理由がわからないこと』です。『月が細くやせていくわけがわからないこと』が正しい答えです。

〝心配ごと〟とメモ書きをしてある大きな括弧のついた三行をもう一度読み、「わけ」に印をつけます。このときに「よく読みなさいよ」と言ってしまうと、そのひと言で子どもはやる気をなくします。「ここに書いてあったのね。おかあさんもうっかりしちゃった」と受け流すのが楽しく学ぶコツです。

②森の動物たちは自分たちが心配していることを、どうやってお月さまに伝えたかの確認をします。

『木の葉のはがきを書いた』と答えが返ってくれば良いのですが、『木の葉の手紙を書いた』ということがあります。その場合は「手紙ってどこに書いてあるの?」と言って文章に戻らせ、もう一歩丁寧に読むことを教えていこうと気を引き締めてください。他教科も含めて学習自体が上すべりになっているのかもしれません。このようなミスをすることにお母様が気がつけば、案外早く正すことができます。「その目で見ること」、「気がつくこと」、それが子どもを正すコツです。「どうしてこんなミスをするの!」と言っても、ミスは減りません。

③きりんの役目を確認します。

『木の葉のはがきを月に届ける役目』と思い込んでいる場合があります。『木の葉のはがきを差し出して月に見せる役目』が正答です。大きな括弧をつけ、〝きりん・♡〟とメモ書きしてある三行を読みます。「とどけるわけにはいくまいが、目のちかくまでさしだして見せてあげよう」と書かれています。「さしだす」は八行先にも繰り返されています。『届ける』と思い込んでいる子どもたちに大きな括弧の中の文章を読ませて、確認させます。「だいたい合っているからいいじゃない」と言うかもしれません。しかし、ここはきちんと「読解問題は、そのようなことではできないのよ」と言っておきます。

④「しんぼう強く、がまんして、がんばって」首を伸ばして立っていたきりんの様子を確認します。

逆接のつなぎことばが繰り返されている大きな括弧の中の文章を、もう一度、一緒に音読してください。リズミカルに読めたでしょうか。こんなことも、ことばに対する意識を高めるきっかけになります。「きりん、えらいね」ということばが出るかもしれません。「文章を読んで心を動かされる」という貴重な経験をしたのでしょう。

⑤「きりんがほっとした理由」を確認します。

文章に戻って確認します。『月が、森のみんなに向かって安心するようにと言ったから』と答える場合があります。あるいは、『月が、「しんぱいしないでまっておいで」と、きりんに言ったから』と言う場合もあります。正確には『森のみんなに向かって安心するようにと、月が言ったのを聞いて、きりんは月にはがきを差し出して見せるという自分の役目を果たすことができたと思ったから』です。月にはがきを差し出して見せるという役目をやっと終えたと思ったので、「きりんは、はじめてほっとして、ながいほそいくびをふらりとさげました」と後半の二行に書かれています。さっと読み、勝手に解釈している場合、「惜しい解答だった」とか「もう少しだったね」とか子どもたちは言いますが、でも、「もう少し」ではないのです。教える側は、気長にこの読み方を正していこうと覚悟しましょう。力ずくで正そうとすると、いずれ拒否反応を示すようになります。とにかく「気長に」がポイントです。

⑥最後に「印つけとメモ書き」を見ながら、(△)→できごと→(＋)というきりんの気持ちの変化をもう一度確認します。

(※) 内容確認の①～⑤に書きました子どもたちの「大体合っている誤答」の原因は、筋だけを読み、手っ取り早く、わかりやすいストーリーを自分で作り上げてしまっていることです。これでは読解問題に正答することはできません。ある時期、丁寧に親子で内容確認をすることは本当に必要なことと思います。

このときに、実際に余白に矢印を引かせると、「印つけとメモ書き」をして目に見えるようにしたことの意味が少しわかるようになります。

『きりんは首を伸ばして、長いこと緊張して立っていた。森のみんなへのお月さまの返答を聞いて、はがきを月に差し出して見せる自分の役目を果たせたことを思い、はじめてほっと安心して、伸ばしていた首をそっと下げた』ということの確認です。

言い換えのことばを覚えて、ことばへの意識を高める

ここでは「ほっとして」を「安心」、「しんぼうし、がまんし、頑張って」をまとめて「緊張」、「役目が終わる」は「役目を果たす」、「ふらりと」を「そっと」と言い換えました。「ほっとして」は「胸をなでおろす」という言い方もあります。このようにして少し背中を押してあげることが、子どもたちのことばへの意識を高めます。

さらに、こうして学んだことばは、日常生活のなかで意識して使うことで、はじめて「子どもの語彙」になります。

知らないことばは文脈から推し量る

「目を二つまるくこらして」とはどのような様子でしょうか。子どもたちはすぐに「わからない」と言うかもしれません。「考えなさい」と突き放すのではなく、その一行前に「よく読まなくちゃ」と書いてあることに気づかせます。「じっと見て読む」という意味です。わからないことばも、「わからないから無視する」

（※）緊張（△）→月の返答（できごと）→自分の役目を果たせた安心（＋）という流れになります。

一つのことばを二人で考える

「ふらりと」という表現についても考えてみましょう。どうして「ぶらり」ではないのでしょうか。正解を求めるのではなく、意見を言い合うことが、ことばへの意識を高めるとともに、文章に向き合う姿勢にもつながります。

のではなく、必ず文脈から推し量れることを経験させます。

書きことばを意識して、記述問題への基本をつくる

こうして一つの文章を大切にして、少しずつことばを増やし、書きことばとして使っていけるようにと導くことが、記述問題への基本となります。気がついたことから少しずつ始めましょう。

イメージする力を養う

読み終えてから、どんな映像が頭の中に描けたかを話し合ってみてください。夕方の三日月が出るころ、口もとの青い木の葉のはがきを、首を伸ばしきって三日月に向けて差し出しているきりんの様子。三日月のお月様が、少し月明かりを強くして一生懸命字を読んでいる様子。役目を終えたきりんが伸ばしきっていた首をふらりと下げた様子。

優しくおだやかな文章は、子どもたちを非日常の世界へ引き込んでいきます。心のあたたまる美しい文章です。充分に味わって、まだまだやわらかい子どもたちの心をふくよかに育んでください。

読み取りの確認をする

音読をしながら、「印つけとメモ書き」をして丁寧に読む練習をした子どもたちが、どのくらい読み取れているかを確認するための「読み取りチェックシート」です。読み流してしまいそうな箇所を問題としました。本文中に根拠を見つけ

チェックシートの解答と解説

答えが○でも×でも、「本文のここにこう書いてあるから○（×）」と言わせて根拠を確認します。これが読解の基本です。

①×　自まんしていた
きりんは自まんしてはいません。

三行目に「天までとどくといいんだが」、一七行目に「…ぼくかもしれない」と書かれています。目立ちたがって自まんするような性質ではなく、

て解答するようにと導いてください。やさしい文章でも、案外おおざっぱにしかとらえていないことがわかります。

読み取りチェックシート

問　①から⑧のうち、本文の内容に合っているものには○、そうでないものには×をつけましょう。正しくない場合はどこが正しくないのか、その部分に線を引いて×をつけてください。

①きりんは、くびと足が長いことを自まんしていた。

②森のどうぶつどもは、月が細くやせていく理由がわからず、心配していた。

③森のどうぶつどもは、しんぱいごとを木の葉のはがきに書いて、お月さまにとどけた。

④きりんが、木の葉のはがきをとどけるやくめを引き受けた。

⑤きりんはおなかがすいてもがまんし、つかれてもがんばってくびをのばして立っていた。

⑥お月さまはきりんの口もとの木の葉に気がつき、弱い光の中でそこに書かれている字を読んだ。

⑦お月さまはしんぱいしないで待っているようにと、きりんに伝えた。

⑧無事にやくめを終えたきりんは、ほっとして、がんばってのばしていたほそいくびをふらりと下げた。

穏やかな性質であることが読み取れます。

②○
お月さまがやせていくことではなく、やせていく理由（わけ）がわからないことが心配なのです。

③×　お月さまにとどけた
一三行目に「とどけよう」と書かれてはいますが、空は遠くて届けられなかったのです。

④×　とどけるやくめを引き受けた
届ける役目ではなく、差し出して見せる役目をきりんは引き受けたのです。

⑤○
二六行目から二九行目に書かれています。

⑥×　弱い光の中で
後ろから九行目を読みます。弱い光の中ではなく、光を少し強くして照らしたのです。

⑦×　きりんに伝えた
後ろから三行目に書かれています。きりんに伝えたのではなく、森のみんなに伝えたのです。

⑧○
最後の二行に書いてある通りです。

2 物語的文章への「印つけとメモ書き」の実例・中級（その1）

中級では、文章を読む楽しさと、読み通す集中力を養う

一段階目の「シンプルな印つけ」に慣れ、どのようなところに「印つけとメモ書き」をすればよいのかを理解したときに、この二段階目に進みます。この段階では、途中で設問を見ずに一気に文章を読み通す練習をすることで、「読み通して理解する楽しさ」と、「読み通す集中力」を身につけます。

読み通す習慣が力になる

文章を読み通すことは、今後の問題を読み解くスピードだけではなく、中学校入学以降の精読の力にもつながるものです。

二段階目を充分に練習して「集中力」をつけ、「読む楽しさ」を知った子どもたちは、六年生の夏以降に読解の実践練習の第三段階に進むことで、制限時間内で読み解いていくようになります。

できることから少しずつ

このやり方を完璧にする必要はありません。「印つけとメモ書き」は子どもたちを文章に向き合わせる一つの方法なのですから、また、取り入れやすいものから、できることから少しずつ、始めてください。嫌がらずに、継続して文章を読む練習をすることがもっとも大事なことです。そして、「読めばわかること」、「わかれば楽しいこと」を充分に体験させてあげてください。

丁寧に読めば、場面が心の中に浮かんでくる

中級での読み通す練習として、『窓ぎわのトットちゃん』（黒柳徹子著）を選びました。明るくリズミカルな文体で、作者の経験と感想が書かれている、心あたたまる随筆文です。ゆっくり、丁寧に読んで、会話や様子から登場人物の「気持ち」を読み取りましょう。丁寧に読もうという気持ちで文章に向かえば、ここに描かれている楽しい場面が心の中に浮かんでくることでしょう。

物語的文章への「印つけとメモ書き」の実例・中級（その1）
―「印つけとメモ書き」を読解問題に活かす

練習文

ふだんでも、みんなが楽しみにしてる、トモエのお弁当の時間に、最近になって、面白いことが、また増えた。

トモエのお弁当の時間は、今までは、校長先生が、全校生徒五十人の「海のもの」と「山のもの」の、おかずの点検があって、その海か山か、どっちかが、足りないとわかった子に、校長先生の奥さんが、両手にひとつずつ持って歩いている海と山の、お鍋から、おかずが配られて、それから、〽よく嚙めよ、たべものを……を、みんなで歌って、

「いただきまーす」

になったのだけど、今度から、この「いただきまーす」のあとに、

随筆文について

作者の経験と感想が述べられている場合は、物語的文章と同じ「印つけとメモ書き」をします。

作者の経験と意見が述べられている場合は、説明的文章と同じ「印つけとメモ書き」をします。

物語的文章への「印つけとメモ書き」二段階目の箇所

「シンプルな印つけとメモ書き」に次のものを加えます。

・繰り返されていることば
・言い換えのことば
・「ため・から・ので」（理由を表す。（理）と「メモ書き」をする
・並列して書かれていることがらは1・2…と番号をつける

「誰かさんの〝おはなし〟」

というのが入ることになったのだ。

このあいだ、校長先生が、

「みんな、もっと話が上手になったほうが、いいな。どうだい、今度から、お弁当の時、みんなが喰べてる間、毎日、違う誰かさんが、ひとり、みんなの輪のまん中に入って、お話する、ってのは?」

といった。子供たちは、(自分で話すのは上手じゃないけど、聞くのは面白いな)とか、(わあー、みんなにお話してあげるのなんか、スッゴク好き)とか、いろんなふうに考えた。トットちゃんは、(どんなお話をすればいいか、まだわかんないけど、やってみる!)と思った。

こんなわけで、ほとんどが校長先生の考えに賛成だったので、次の日から、この「おはなし」が始まったのだった。

校長先生は、自分の外国生活の経験から、ふつう、日本では「ごはんの時は、だまって喰べなさい」と、家でいわれている子供たちに、

「食事というのは、出来るだけ楽しく。だから、急いで喰べないで、時間をかけて、お弁当の時間には、いろんな話をしながら喰べていい」

といつもいっていた。そして、もうひとつ、

(これからの子供は、人の前に出て、自分の考えを、はっきりと自由に、恥ずかしがらずに表現できるようになることが、絶対に必要だ)

と考えていたから、そろそろ始めてみよう、と決めたのだった。だから、校長先生は、みんなが、

※「トモエ」はトモエ学園のこと

「賛成！」

といったとき、こういった。トットちゃんは一生懸命に聞いた。

「いいかい、上手にお話しようとか、そんなふうに思わなくていいんだよ。そして話も、自分のしたいこと、なんでもいいからね。とにかく、やってみようじゃないか？」

なんとなく順番も決まった。お話をする番になった人だけは、〽よく嚙めよ……を歌ったら、一人だけ、いそいで喰べていいことも決まった。

ところが、三人ぐらいとかの、小さいグループの中で、休み時間に話すのと違って、全校生徒、五十人のまん中で、話す、というのは、勇気もいるし、むずかしいことだった。初めの頃は、照れちゃって、ただ「イヒイヒイヒイヒ」笑ってばかりの子や、必死になって考えて来たのに、出たとたんに忘れちゃって、話の題名らしい、

「蛙の横っちょ飛び」

というのだけを何回も、くり返したあげく、結局、

「雨が降ると……、おしまい」

といって、おじぎをして席に帰る子もいた。

トットちゃんは、まだ番が来なかったけど、来たら、やっぱり、自分の一番好きな、「お姫さまと王子さま」の話にしよう、と決めていた。でも、トットちゃんの「お姫さまと王子さま」の話は有名で、いつもお休みの時間にしてあげると、みんなが、「もう飽きたよ」というぐらいだったけど、やっぱり、それにしよう、と思っていた。

こうやって、毎日、かわりばんこに前に出て話す習慣が少しずつついて来た、ある日、絶対に順番が来ても、「しない」といいはる子がいた。それは、

「話は、なんにも無い！」

という男の子だった。トットちゃんは、(話なんか無い)という子がいたことに、とても、びっくりした。ところが、その子は、無い！　のだった。校長先生は、その子の空《から》になったお弁当箱の、のった机の前にいくと、いった。

「君は話が、無いのかあ……」

「なんにも無い！」

その子は、いった。決して、ひねくれたり、抵抗してるんじゃなくて、本当に無いようだった。

校長先生は、

「ハ、ハ、ハ、ハ」

と歯の抜けているのを気にしないで笑って、それからいった。

「じゃ、作ろうじゃないか！」

「作るの？」

その子は、びっくりしたようにいった。

それから校長先生は、その子を、みんなのすわってる輪のまん中に立たすと、自分は、その子の席にすわった。そして、いった。

「君が、今朝、起きてから、学校に来るまでのことを、思い出してごらん！　最初に、なにをした？」

その男の子は、頭の毛をボリボリ掻きながら、まず、

「えーと」

といった。そしたら校長先生がいった。

「ほら、君は、『えーと』っていったよ。話すこと、あったじゃないか。『えーと』の次は、どうした？」

すると、その子は、また頭をボリボリ掻きながら、

「えーと、朝起きた」

といった。トットちゃんやみんなは、少し、おかしくなったけど、注目していた。それから、その子は、

「そいでさあー」

といって、また、頭をボリボリやった。先生は、じーっと、その子の様子を、ニコニコした顔で、手を机の上に組んで見ていたけど、そのとき、いった。

「いいんだよ、それで。君が朝起きた、ってことが、これで、みんなにわかったんだから。面白いことや、笑わせること話したから偉いっていうことじゃないんだ。『話が無い！』っていった君が、話を見つけたことが、大切なんだよ」

するとその子は、凄く大きな声で、こういった。

「それからさあー」

みんなは、いっせいに身をのり出した。その子は、大きく息を吸うと、いった。

「それからさあー、お母さんがさあー、歯をみがきなさい、っていったから、みがいた」

校長先生は拍手した。みんなも、した。すると、その子は、前よりも、もっと大きい声で、いった。

「それからさあー」

みんなは拍手をやめ、もっと耳を澄ませて、ますます身をのり出した。その子は、得意そうな顔になって、いった。

「それからさあー、学校に来た！」

身をのり出した上級生の中には、少しつんのめったのか、お弁当箱に、頭をぶつける子もいた。でも、みんなは、とてもうれしくなった。

（あの子に、話があった！）

先生は大きく拍手をした。トットちゃん達も、うんとした。まん中に立ってる「それからさあー」の子も、一緒になって、拍手をした。講堂は、拍手だらけになった。

この拍手のことを、この子は、恐らく大人になっても、忘れないに違いなかった。

黒柳徹子「窓ぎわのトットちゃん」より

「印つけとメモ書き」の実例

ふだんでも、みんなが楽しみにしてる、トモエのお弁当の時間に、最近になって、「面白いこと」が、また増えた。

トモエのお弁当の時間は、今までは、校長先生が、全校生徒五十人の「海のもの」と「山のもの」の、おかずの点検があって、その海か山か、どっちかが、足りないとわかった子に、校長先生の奥さんが、両手にひとつずつ持って歩い

「印つけとメモ書き」の説明

・「お弁当の時間」の「面白いこと」についての文章です。
・「点検」はそれ以降に説明があります。①、②と番号をふります。

⊕ ⊕ ⊕　おはなし　校長　理　①

ている海と山の、②お鍋から、おかずが配られて、それから、〜よく嚙めよ、たべものを……を、みんなで歌って、

「いただきまーす」

になったのだけど、今度から、この「いただきまーす」のあとに、

「誰かさんの、〃おはなし〃」

というのが入ることになったのだ。

このあいだ、校長先生が、

「みんな、もっと話が上手になったほうが、いいな。どうだい、今度から、お弁当の時、みんなが喰べてる間、毎日、違う誰かさんが、ひとり、みんなの輪のまん中に入って、お話するってのは？」

といった。子供たちは、(自分で話すのは上手じゃないけど、聞くのは面白いな)とか、(わあー、みんなにお話してあげるのなんか、スッゴク好き)とか、いろんなふうに考えた。トットちゃんは、(どんなお話をすればいいか、まだわかんないけど、やってみる！)と思った。

こんなわけで、ほとんどが校長先生の考えに賛成だったので、次の日から、この「おはなし」が始まったのだった。

校長先生は、自分の外国生活の経験から、ふつう、日本では「ごはんの時は、だまって喰べなさい」と、家でいわれている子供たちに、

「食事というのは、出来るだけ楽しく。だから、急いで喰べないで、時間をかけて、お弁当の時間には、いろんな話をしながら喰べていい」

といつもいっていた。そして、もうひとつ、

・〃おはなし〃は一〜二行目の「お弁当の時間」の「面白いこと」です。この文章の話題です。

・「もっと話が上手に」という校長先生の考えの説明には「　」をつけてはっきりさせます。

・この三行には子どもたちのワクワクした気持ちが書かれています。

・時を表すことばには「印つけ」をします。

・校長先生が〃おはなし〃を決めた理由は①②としました。「から」は理由を表します。表現の説明には①、②、③と番号をふりました。この八行は、校長、(理)①、②と「メモ書き」をし、大きな括弧をつけました。大切な部分です。子どもたちは、「ここが大事」とばかり

②

（これからの子供は、人の前に出て、自分の考えを、①はっきりと②自由に、③恥ずかしがらずに表現できるようになることが、絶対に必要だ）と考えていたから、そろそろ始めてみよう、と決めたのだった。だから、校長先生は、みんなが、

「賛成！」

といったとき、こういった。トットちゃんは一生懸命に聞いた。

おはなし

「いいかい、①上手にお話しようとか、そんなふうに思わなくていいんだよ。そして②話も、自分のしたいこと、なんでもいいからね。とにかく、やってみようじゃないか？」

なんとなく③順番も決まった。お話をする番になった人だけは、〽よく噛めよ……を歌ったら、一人だけ④いそいで喰べていいことも決まった。

ところが、三人ぐらいとかの、小さいグループの中で、休み時間に話すのと違って、全校生徒、五十人のまん中で、話す、というのは、勇気もいるし、むずかしいことだった。初めの頃は、照れちゃって、ただ「イヒイヒイヒイヒ」笑ってばかりの子や、必死になって考えて来たのに、出たとたんに忘れちゃって、話の題名らしい、

勇気
むずかしい
（一）

「蛙の横っちょ飛び」

というのだけを何回も、くり返したあげく、結局、

「雨が降ると……、おしまい」

といって、おじぎをして席に帰る子もいた。

トットちゃんは、まだ番が来なかったけど、来たら、やっぱり、自分の一番

にずるずる線を引いてしまいます。**大切と思ったところが長文の場合は、大きな括弧を上につけます。**そして、その中のどこが大切なのかを考えて、その部分に「印つけ」をします。**大切な部分をさらに一生懸命読むという習慣**です。

・〝おはなし〟のやり方が並列して書かれています。①・②・③・④と**番号**をつけました。

・**逆接のつなぎことば**「ところが」、「勇気もいるし」、「むずかしい」という（二）の点が書かれています。

好きな、「お姫さまと王子さま」の話にしよう、と決めていた。でも、トットちゃんの「お姫さまと王子さま」の話は有名で、いつもお休みの時間にしてあげると、みんなが、「もう飽きたよ」というぐらいだったけど、やっぱり、それにしよう、と思っていた。

こうやって、毎日、かわりばんこに前に出て話す習慣が少しずつついて来た、ある日、絶対に順番が来ても、「しない」といいはる子がいた。それは、

「話は、なんにも無い！」

という男の子だった。トットちゃんは、(話なんか無い)という子がいたことに、とても、びっくりした。ところが、その子は、無い！のだった。校長先生は、その子の空《から》になったお弁当箱の、のった机の前にいくと、いった。

「君は話が、無いのかあ……」

「なんにも無い！」

その子は、いった。決して、ひねくれたり、抵抗してるんじゃなくて、本当に無いようだった。

校長先生は、

「ハ、ハ、ハ、ハ」

と歯の抜けているのを気にしないで笑って、それからいった。

「じゃ、作ろうじゃないか！」

「作るの？」

その子は、びっくりしたようにいった。

それから校長先生は、その子を、みんなのすわってる輪のまん中に立たすと、

・「毎日…話す習慣」には限定の印つけをしました。〝おはなし〟の習慣がわかりやすくまとめてあります。

・トットちゃんの様子は、！のマークで「印つけ」をしました。

・この後、「無い」ということばが続きます。繰り返されていることばは大切です。四角で囲みました。前に戻って「なんにも無い」にも「印つけ」をします。

・並列して説明してありますので①、②、③とします。男の子の気持ちです。

・校長先生の「作ろうじゃないか！」ということばには、(＋)の気持ちが含まれるできごととしました。「無い」という(－)の気持ちが、このできごとで変化していくことがわかります。

⊕　注目△　⊕　先生　⊕すごく

自分は、その子の席にすわった。そして、いった。

「君が、今朝、起きてから、学校に来るまでのことを、思い出してごらん！

最初に、なにをした？」

その男の子は、頭の毛をボリボリ掻きながら、まず、

「えーと」

といった。そしたら校長先生がいった。

「ほら、君は、『えーと』っていったよ。話すこと、あったじゃないか。『えーと』の次は、どうした？」

すると、その子は、また頭をボリボリ掻きながら、

「えーと、朝起きた」

といった。トットちゃんやみんなは、少し、おかしくなったけど、注目していた。それから、その子は、

「そいでさあー」

といって、また、頭をボリボリやった。先生は、じーっと、その子の様子を、ニコニコした顔で、手を机の上に組んで見ていたけど、そのとき、いった。

「いいんだよ、それで。君が朝起きた、ってことが、これで、みんなにわかったんだから。面白いことや、笑わせること話したから偉いっていうことじゃないんだ。『話が無いー』っていった君が、話を見つけたことが、大切なんだよ」

するとその子は、凄く大きな声で、こういった。

「それからさあー」

みんなは、いっせいに身をのり出した。その子は、大きく息を吸うと、いった。

・トットちゃんやみんなは、男の子の様子に注目しています。気持ちが表されています。

・「頭をボリボリ」は三回も繰り返されています。

・八四行目からの三行の先生のことばはできごととしてとらえ「先生」と書き、大切な部分なので上に大きな括弧をつけました。その中の大切と思ったところには限定の印つけをし、「…だから」という理由を表すことばには印つけをしました。

・このできごとの後、男の子は元気な態度に変化します。（＋）がいくつもつきます。

「それからさあー、お母さんがさあー、歯をみがきなさい、っていったから、みがいた」

校長先生は拍手した。みんなも、した。すると、その子は、前よりも、もっと大きい声で、いった。

「それからさあー」

みんなは拍手をやめ、もっと耳を澄ませて、ますます身をのり出した。その子は、得意そうな顔になって、いった。

「それからさあー、学校に来た！」

身をのり出した上級生の中には、少しつんのめったのか、お弁当箱に、頭をぶつける子もいた。でも、みんなは、とてもうれしくなった。

「あの子に、話があった！」

先生は大きく拍手をした。トットちゃん達も、うんとした。まん中に立ってる「それからさあー」の子も、一緒になって、拍手をした。講堂は、拍手だらけになった。

この拍手のことを、この子は、恐らく大人になっても、忘れないに違いなかった。

黒柳徹子「窓ぎわのトットちゃん」より

・「それからさあー」、「拍手」、「身をのり出した」は繰り返されています。

・みんなの様子の説明には番号をふります。ここは「注目」ということばで言い換えられます。

・「みんなは、とてもうれしくなった」理由に矢印をつけておきます。

・「凄く大きな声・もっと大きい声・得意そうな顔・大きく拍手」と読み取ったことを上の余白に簡単に「メモ書き」をしておくとわかりやすくなります。

・最後の行は作者の感想ですから大切です。

文章を心に入れる「内容確認」

早く読み終え、すぐに解答することに慣れている子どもたちは、文章を心の中に入れていません。「内容確認」で頭を整理し、文章を心に入れましょう。
文章を読み終えたら、「印つけとメモ書き」を見ながら順番に、次の「内容確認」をします。

①家庭的なトモエ学園のお弁当の時間の様子を確認します。

「海のもの」と「山のもの」のおかずの点検と、足りない子には校長先生の奥さんがお鍋からおかずをくばってくださることを押さえます。こんな学校もあった時代です。子どもたちは想像もできないでしょうが、このようなこともあったことをお話しください。「こんなこと、あったんだ」と子どもたちが思うことが大事なのです。これが文章を読むことによる疑似体験です。

②校長先生が「おはなし」を決めた理由を確認します。

一つは『外国生活の経験から、急いで食べないで、時間をかけて話をしながら楽しく喰べていいといつもいっていたこと』もう一つは『これからの子供は、人の前に出て、自分の考えを、はっきりと自由に、恥ずかしがらずに表現できることが、絶対に必要だと考えていたこと』です。丁寧に読まないと正確には答えられません。また、ここでは日本での食事時のマナーと外国でのマナーの違いも書かれています。読み流さないようにします。

③「話は無い」から「しない」と言いはる子と、校長先生の様子を確認します。

「内容確認」で、頭の中を整理する

「印つけとメモ書き」をしながら読み終えたら、「内容確認」をします。

この随筆文では感想が述べられていますので、物語的文章と同じ読み方や内容確認をします。

「お弁当の時間の『おはなし』について」が話題です。続いて筆者の幼い頃の経験が書かれ、最後に、筆者の感想が述べられています。

④先生にほめられた男の子が、だんだんと元気になっていく様子を確認します。

「凄く大きな声で」、「もっと大きな声で」、「得意そうな顔で」と書かれています。「それからさあー」、「拍手」も繰り返されています。ワクワクする場面ですから、先へ先へ読み進みたくなるのですが、内容確認のときには、一つひとつのことばを丁寧に読んで、文章を心に入れる練習をします。「話が無い」子に「話があった」大きな変化を充分に味わってください。

⑤「話が無い」→「話を作ろう」、「話を見つけたことが、大切なんだよ」→「大きな声で『それからさあー』」、「あの子に、話があった!」、「一緒になって、拍手をした」、「拍手だらけになった」という流れを確認します。最後に感想が述べられています。

((ー)→できごと→(+)→感想)

「内容確認」をしながら話し合う

このように、「内容確認」をしながら話し合うことで、子どもたちは自分以外の人の読み方を知ります。自分が思い込んで読んでいたことや、登場人物の気持ちを正確に読めていないことなど、多くのことに気づきます。

一方的な指導ではなく、一つの文章を共に読み、共感したり、教え合ったり、意見を言い合ったりすることが、子どもたちの国語の力を積み上げることにつながります。ただ読み、解くだけになりがちな受験訓練も、このような「内容

読書だけではなく、読解の練習でも疑似体験はできます。

『窓際のトットちゃん』の前書きには、「これは、第二次世界大戦が終わる、ちょっと前まで、実際に東京にあった小学校と、そこに、ほんとうに通っていた女の子のことを書いたお話です」と書かれています。時代背景を含めて、戦争や世相などについての親の経験や知識を話してください。それを聞くことが、子どもにとっては一つの「経験」となります。親子での内容確認が良いきっかけとなりますように。

確認」と話し合いをすることで、「文章から学ぶ」親子の生き生きとした学習時間となります。

トモエ学園のこと、トットちゃんの性格、男の子や校長先生の性格についても話し合ってみましょう。特に、トモエ学園のような学校があったという事実は、ぜひ子どもたちに伝えたいことです。タレントでもあり、ユニセフ親善大使でもある黒柳徹子さんが「トットちゃん」であることも伝えてください。子どもたちはこの文章を身近なものに感じるかもしれません。

「内容確認」をすることで、「とりあえず解答する」癖を正す

話の筋を追うのではなく、ゆっくり、正確に気持ちの変化とそのきっかけになるできごと確認します。特に次の点に気をつけます。

「話が無い」と言った男の子の気持の変化を順に追っていくときに、「ひねくれたり、抵抗してるんじゃなくて、本当に無いようだった」という部分と、「それからさあ—、学校に来た!」、「『それからさあー』の子も、一緒になって、拍手をした」という部分を読み落とさないようにします。男の子はなぜ一緒になって拍手をしたのでしょう。男の子の気持ちをじっくり考えさせてください。

大体わかっていることでも、一時期は面倒がらずに「印つけとメモ書き」を活用して丁寧に内容確認することで、子どもたちは「読み取ること」を覚えます。「とりあえず解答する」ことを繰り返していると、いつまでたっても「とりあえずの点数」しか取れません。

読み取りチェックシート

問1　①から⑧のうち、本文の内容に合っているものには○、そうでないものには×をつけましょう。正しくない場合は、どこが正しくないのか、その部分に線を引いて×をつけてください。

①トモエのお弁当の時間には、校長先生が全校生徒の「海のもの」と「山のもの」のおかずの点検をする。

②これからの子供は、人の前に出て、自分の考えを、はっきりと自由に、恥ずかしがらずに表現できるようになることが、絶対に必要だと、校長先生は考えていた。

③校長先生は、自分の外国生活の経験から、外国の真似をしてお弁当のときの「おはなし」をはじめることを決めた。

④「おはなし」は全校生徒、五〇人のまん中で話すので、面白いことを上手に話すようにと、校長先生は言った。

⑤「話は何にも無い」と言い張り、ひねくれたり、抵抗する子もいた。

⑥校長先生は「話は無い」と言う男の子に、「朝起きてから学校に来るまでのことを思い出すように」と言い、その子が自分で話を見つけるようにと導いた。

⑦「話は無い」と言っていた男の子が、みんなの輪のまん中に立って、「朝起きてから学校に来るまで」を話すと、先生も、みんなも大きく拍手をした。その間、男の子は頭をボリボリかいていた。

⑧講堂中が拍手だらけになったことを、男の子は大人になっても忘れないに

チェックシートの解答と解説

問1

答えは○でも×でも、必ず具体的に本文の根拠を示させてください。

①○

②○

二七～二八行目にそう書いてあります。まだ女性や子どもに発言の自由がなかった時代のことです。外国生活の経験のある校長先生は、外国と比べ、日本のこれからの教育をきちんと考えていらしたのです。

③×　外国の真似をして「おはなし」の時間を始めたのではありません。

大きな括弧がつき〝校長・(理)・①・②〟と「メモ書き」してあるところが根拠となります。

④×　面白いことを上手に話すようにとは書かれていません。

〝おはなし〟と「メモ書き」してあるところが根拠となります。

⑤×　ひねくれたり、抵抗する子もいた

「話は、なんにも無い」と言った男の子も、「決して、ひねく

違いなかった。

問2　記述問題―記述の基本として1―

後ろから五行目、「まん中に立ってる『それからさあー』の子も、一緒になって、拍手をした。」とありますが、文章中の、「一緒になって拍手をした」男の子の様子をわかりやすく説明してください。

問2の解答と解説

―解答例　六年生―

「男の子は話は無いと言いはっていたが、校長先生に言われたので話をしたら、みんなが喜んで拍手をしてくれたから、とてもうれしかった。」

もう一歩の解答です。

注意する点・一文で書かなければならないと思っていること

無理に一文で書こうとしているので、わかりにくい文章になっています。「男の子は話は無いと言いはっていたが、校長先生に言われたので話をした。そして、自分が話したことをみんなが喜んで拍手をしてくれたのでとてもうれしかった。」このように分けて書いたほうが、書きやすいし、わかりやすい文章になります。

れたり、抵抗してるんじゃない」と書かれています。ことばだけに反応すると、このような問いに引っかかってしまいます。「ここに書いてあった！」ではなく、「ここに書いてあるけれど、もう少し前後も読んでみよう」という丁寧さが必要です。時間に終われて早く解答することだけを考えていると、このような問いを○としてしまいます。素早く答えを書いても誤答ならば、選択肢問題は部分点がないのですから、大きな減点となります。丁寧に取り組みましょう。もう少し先を読んで確認しても、数秒もかかりません。

⑥○

七〇行目に書かれています。また、大きな括弧がつき〝⊕・先生〟と「メモ書き」してあるところも根拠になります。

⑦×　その間、男の子は頭をボリボリかいていた。

後ろから五行目～四行目に「先生は大きく拍手をした…一緒になって、拍手をした」とあります。

⑧○

最後の行に書かれています。

注意する点・傍線の前後だけで解答してしまうこと

この問題は、それまでの男の子の気持ちの変化を正確に読み取っていれば、素直に答えられる問題です。しかし、子どもたちはこの文章が問題文として与えられ、設問部の「まん中に立ってる『それからさあー』の子も、一緒になって、拍手をした。」という部分に傍線が引かれていると、その傍線の前後の文章だけを読んで強引に解答してしまいます。答えの多くは傍線の前後にあると考えているからです。そのようなやり方をすると、この問題の正答は難しいでしょう。このお子さんも、設問で聞かれている傍線の前後だけで判断して解答しました。当然このような解答になります。誤答ではありませんが正答でもありません。

注意する点・誤答ではないけれど正答ではない解答を正す

この解答には足りない部分があります。「話は無いと言っていた男の子」は「話が無いと自分で思い込んでいた」のです。六〇〜六一行目に「本当に無いようだった」とあります。ですから、「話をしたことをみんなが喜んでくれたことがうれしかった」だけではなく、「話が無いと思っていた自分が話を見つけられたこと、そして、話すことができたこと」もうれしかったのではないでしょうか。

この問題の記述のポイントは、「話はないと思っていた自分が、校長先生の導きで（あるいは、「教えられて」、「指導で」）、話を見つけられたこと」、そして、「話ができたこと」、「校長先生やみんなが、自分が話したことを拍手して喜んでくれたこと」の三点です。このことがうれしくてたまらず、自分も皆と一緒に思わず拍手をして、その喜び（うれしさ）を表したのです。男の子は「じっとしていられないほどうれしかった」のでしょう。

このように登場人物の気持ちを考えるときにも「印つけとメモ書き」を充分に活用します。上の余白に書き出してあるので、どこを読めばよいかがすぐにわかります。具体的には「メモ書き」を頼りに、この少年の様子が書かれている本文の箇所に戻って確認するということです。そうすると、この三点をおさえられるでしょう。設問で聞かれている部分の前後だけを読んで強引に解答すると、キーワード一つで満足して解答し終えてしまいます。

先の三点を踏まえた六年生の解答例です。

―解答例　六年生―

「男の子は、話が無いと思っていた自分が話を見つけられたこと、そして、みんなの前で話すことができたことを大変うれしく思った。その上、そのことを校長先生やみんなが拍手をして喜んでくれたこともうれしかった。あまりのうれしさにじっとしていられず、自分も皆と一緒に思わず拍手をして喜びを表した。」

3

物語的文章への「印つけとメモ書き」の実例・中級（その2）

主人公の心情を読み取る

今回は、作者の一〇歳までの体験に基づいて書かれた物語文、「次郎物語　第一部」（下村湖人著）から文章を選びました。複雑な環境の中で微妙に揺れ動く少年次郎の心情が描かれています。同年代の子どもの心理であっても、時代背景が違いますので、理解が少し難しいかもしれません。子どもたちには自分の心を充分に揺さぶって、次郎の気持ちを読み取り、そして、感じてほしいと思います。では、文章を読む楽しさと、読み通す集中力を養う二段階目の練習をいたしましょう。

物語的文章への「印つけとメモ書き」の実例・中級（その2）
―「印つけとメモ書き」を活用して「内容確認」をする

「次郎物語」前置き
本田次郎は生まれてまもなく里子（よその家にあずけて育ててもらうこと）にだされ、ばあやたちに育てられ

※前置きの文章には、背景が書かれています。本文と同じように「印つけとメモ書き」をしながら読みます。ここを読み飛ばすと内容理解が難しくなります。多くの子どもが前置きの文章の大切さを理解しようとしません。

ました。しばらくして、実家に戻りましたが、兄の恭一、弟の俊三ともなかなか打ちとけず、家族になじむことができませんでした。父だけは次郎を理解してくれました。しかし、その実家も没落し、その売り立て（しまってある商品などを一時に売りはらうこと）の日、正木の老人が、だしぬけに（不意に）次郎をあずかると申し出ました。

　秋近い夜道、気持ちがめいっている次郎が、正木の老人と歩いています。

練習文

「次郎《じろう》、あれが北極星《ほっきょくせい》じゃ。」

正木《まさき》の老人は、ふいに道のまがりかどで立ちどまって、遠い空を指さした。

次郎は、指さされたほうに目をやったが、どれが北極星だか、すこしも見当《けんとう》がつかなかった。彼の目には、まだ父の顔がぼんやりと残っていて、その顔のなかに、星がまばらに光っていた。

「学校で教《おそ》わらなかったかの？」

「ううん。」

「ほうら、あそこに、ひしゃくのかっこうにならんだ星が、七つ見えるだろう。わかるな。あれを北斗七星《ほくとしちせい》というのじゃ。」

次郎は、やっと自分にかえって、老人の説明を聞きながら、ひとつひとつ指さされた星をさがしていった。そしてさいごに、やっとのこと、北極星を見いだすことができたが、その光があんがい弱《よわ》いものだったので、彼はなんだかつまらなく感じた。

「海では、あの星が方角《ほうがく》の目じるしになるのじゃ。あれだけは、いつも動かないからの。」

老人はそういってあるきだした。次郎はこれまで星が動くとか、動かないとかいうことについて、まったく考えたこともなかったので、老人のいうことをちょっとめずらしく思った。

「ほかの星はみんな動いていますか?」

「ああ、たいてい動いている。あの七つの星も北極星のまわりを、いつもぐるぐるまわっているのじゃ。一時間もたつと、それがよくわかる。」

いつまでも動かない星、――それが、ふと、ある力をもって、次郎の心を支配しはじめた。彼はあるきながら、ちょいちょい空を仰《あお》いで、北極星を見失《みうしな》うまいとつとめた。そして、これまでに経験《けいけん》したことのない、ある深い感じにうたれた。「永遠《えいえん》」というものが、ほのかに彼の心に芽《め》をだしかけたのである。

彼は、本田《ほんだ》のおじいさんの臨終《りんじゅう》のおりに、ちょっとそれに似《に》た感じをいだいたことを、記憶《きおく》している。しかし、それはほんの瞬間《しゅんかん》で、しかもそのときの感じは、おばあさんとのいきさつのために、ひどく濁《にご》らされていた。今夜の感じには、それとはくらべものにならない、澄《す》みきった厳粛《げんしゅく》さがあった。

しかし一方では、彼のぞうりの音が、ぴたぴたと音をたてて、たえず、彼の耳に、彼自身の運命をささやいているかのようであった。

(恭《きょう》ちゃんや俊《しゅん》ちゃんは、なにがあっても、平気で家におちついていられるのに、自分だけが、なぜばあやの家から本田の家へ、本田の家から正木《まさき》の家へと、移《うつ》ってあるかねばならないのだろう。いったい、どこが自分のほんとうの家なのだ。)

（とうさんはこれから、どこへいくのだろう、そしてなにをするのだろう。ばあやとは、あれっきり、いちども会ったことがないが、とうさんにもこれっきり、会えなくなるのではなかろうか。）

そうした疑問《ぎもん》が、つぎからつぎへと、彼の頭のなかを往来《おうらい》した。むろん、永《えい》遠《えん》とか、運命とかいうようなことを、はっきりと意識《いしき》する力は、まだ少年次郎《じろう》にはなかった。ただ、彼には、ふだんとちがった、厳粛《げんしゅく》なさびしさがあった。そして、星の光とぞうりの音との交錯《こうさく》するなかを、黙《だま》りこくって老人のあとについてあるいた。

下村湖人「次郎物語」より

「印つけとメモ書き」の実例

「次郎《じろう》、あれが北極星《ほっきょくせい》じゃ。」

正木《まさき》の老人は、ふいに道のまがりかどで立ちどまって、遠い空を指さした。次郎は、指さされたほうに目をやったが、どれが北極星だか、すこしも見当《けんとう》がつかなかった。彼の目には、まだ父の顔がぼんやりと残っていて、その顔のなかに、星がまばらに光っていた。

「学校で教《おそ》わらなかったかの？」

「ううん。」

「ほうら、あそこに、ひしゃくのかっこうにならんだ星が、七つ見えるだろう。わかるな。あれを北斗七星《ほくとしちせい》というのじゃ。」

「印つけとメモ書き」の説明

・「北極星」には初めは限定の印つけをしましたが、繰り返されていることに気づいた時点で前に戻り、限定の印つけを四角で囲む「メモ書き」「印つけ」に変更し、「メモ書き」もして、さらにはっきりとさせました。繰り返されていることばは大切なことばです。前に戻ることを面倒がらないようにします。

・「北斗七星」の説明に「　」をつけました。

次郎は、やっと自分にかえって、老人の説明を聞きながら、ひとつひとつ指さされた星をさがしていった。そしてさいごに、やっとのこと、北極星を見いだすことができたが、その光があんがい弱《よわ》いものだったので、彼はなんだかつまらなく感じた。

「海では、あの星が方角《ほうがく》の目じるしになるのじゃ。あれだけは、いつも動かないからの。」

老人はそういってあるきだした。次郎はこれまで星が動くとか、動かないとかいうことについて、まったく考えたこともなかったので、老人のいうことをちょっとめずらしく思った。

「ほかの星はみんな動いていますか？」

「ああ、たいてい動いている。あの七つの星も北極星のまわりを、いつもぐるぐるまわっているのじゃ。一時間もたつと、それがよくわかる。」

いつまでも動かない星、――それが、ふと、ある力をもって、次郎の心を支配しはじめた。彼はあるきながら、ちょいちょい空を仰《あお》いで、北極星を見失《みうしな》うまいとつとめた。そして、これまでに経験《けいけん》したことのない、ある深い感じにうたれた。「永遠《えいえん》」というものが、ほのかに彼の心に芽《め》をだしかけたのである。

彼は、本田《ほんだ》のおじいさんの臨終《りんじゅう》のおりに、ちょっとそれに似《に》た感じをいだいたことを、記憶《きおく》している。しかし、それはほんの瞬間《しゅんかん》で、しかもそのときの感じは、おばあさんとのいきさつのために、ひどく濁《にご》らされていた。今夜の感じには、それとはくらべものにならない、澄《す》みきった厳粛《げんしゅく》さがあった。

しかし一方では、彼のぞうりの音が、ぴたぴたと音をたてて、たえず、彼の

・理由を述べる「ので・だから・から」には「印つけ」をし、(理)と「メモ書き」をする習慣をつけます。

・二二〜二五行には、北極星の弱い光をつまらないと感じていた次郎が、「動かない星」である北極星にひきつけられていく気持ちの変化が描かれています。大きな括弧をつけ、忘れないように順番に「動かない星」、「ある力」、「北極星」、「永遠」と素直に「メモ書き」をしました。「ある力」、「ある深い感じ」は「永遠」、「澄み切った厳粛さ」と言い換えられています。(十)の気持ちとしてとらえました。「動かない(星)」は前にもあり、繰り返されていることばです。初めて出てきた意味のありそうな熟語「永遠」は四角で囲みました。この先で繰り返されます。

・「しかし」の後の文章は大切

耳に、彼自身の運命をささやいているかのようであった。

恭《きょう》ちゃんや俊《しゅん》ちゃんは、なにがあっても、平気で家におちついていられるのに、自分だけが、なぜばあやの家から本田の家へ、本田の家から正木《まさき》の家へと、移《うつ》ってあるかねばならないのだろう。いったい、どこが自分のほんとうの家なのだ。

とうさんはこれから、どこへいくのだろう、そしてなにをするのだろう。ばあやとは、あれっきり、いちども会ったことがないが、とうさんにもこれっきり、会えなくなるのではなかろうか。

そうした疑問《ぎもん》が、つぎからつぎへと、彼の頭のなかを往来《おうらい》した。むろん、永《えい》遠《えん》とか運命とかいうようなことを、はっきりと意識《いしき》する力は、まだ少年次郎《じろう》にはなかった。ただ、彼には、ふだんとちがった、厳粛《げんしゅく》なさびしさがあった。そして、星の光とぞうりの音との交錯《こうさく》するなかを、黙《だま》りこくって老人のあとについてあるいた。

下村湖人「次郎物語」より

です。限定した印つけをします。（－）の気持ちです。

・次郎の疑問の説明には①〜⑤と番号をつけてはっきりさせます。この疑問は次郎の「運命」そのものなのです。

・「意識する力は、まだ少年次郎にはなかった」とあります。初めて「少年次郎」と記されました。次郎は一〇歳ぐらいであることがわかります。読み流してしまいそうです。声をかけ、「印つけ」をさせます。

・最後の五行は複雑な次郎の心情を表す大切な部分です。大きな括弧をつけました。

繰り返されていることば・言い換えのことばを大切に

読み終えたら、「印つけとメモ書き」を活用しながら、特に、大きな括弧をつけたところを中心に、次の順にこの文章の背景や次郎の（＋）と（－）の交錯する気持ちの確認をします。繰り返されていることば「北極星」、「動かない星」、「永遠」、「ぞうりの音」、「運命」をきちんと押さえます。

①前置きを読んでいるかを確認します。

②動かない星である「北極星」に対する次郎の様子を確認します。

はじめは、あんがい弱い光につまらなさを感じたのですが、「ある力」をもって「北極星」が次郎の心を支配しはじめました。（－）から（＋）への変化です。きっかけは『北極星がいつも動かない星であること、だから、海での方角の目じるしになっていることを老人から聞いたこと』です。

「北極星を見失うまい」と、強い意志をもった次郎は、おじいさんの臨終の折に感じたものとはくらべものにならない、「澄みきった厳粛さ」を北極星に感じたと書かれています。「ある深い感じ」は「永遠」、「澄みきった厳粛さ」と言い換えられていることを確認します。難しい内容ですが、「印つけ」をしたり、「メモ書き」をしたりして目に見えるようにしていくと、少しずつひもとけていきます。ゆっくり、繰り返し読んでください。

③「ぞうりの音」に表される次郎の様子の確認をします。

「しかし一方」とありますから、北極星を見て「永遠」という厳粛さ（＋）を感じた次郎が、またマイナスの気持ちになることがわかります。「彼自身の運命をささやいているかのようであった」とありますので、運命は（－）ということになります。自分の力ではどうすることもできない次郎の運命が、文中では（　）のなかに①～⑤の次郎の疑問として表されています。

「『永遠』とか、『運命』とかいうことを、はっきりと意識する力は，まだ少年次郎にはなかった。ただ、彼には、ふだんとちがった、厳粛なさびしさがあった」と書かれています。「永遠」には厳粛さを、「運命」にはさびしさを感じていたと解釈してよいでしょう。それが、「『星の光』と『ぞうりの音』との交錯するなか」ということばで言い換えて表されています。難しいところです。

④「動かない星」と「ぞうりの音」についての確認をします。

「動かない星」は、海での方角の目じるしである「北極星」、「永遠」を表し、「ぞうりの音」は自分について動く「運命」を表していると考えられます。「動かないもの」と「動くもの」を対比させて、次郎の複雑な心理を表しています。

⑤「黙りこくって」と「黙って」の違いを話し合い、確認します。

このように少し立ち止まって考えることが、ことばへの意識を高めます。また、文脈から推し量ることを練習することで、徐々に語彙不足が解消されます。

「内容確認」を整理して、心情の変化を具体的にする

次郎は、正木の老人に預けられる状況にめいっている（－）→いつまでも動かない北極星が次郎の心を支配する（＋）→「永遠」という厳粛さを感じる（＋）→しかし→ぞうりの音が次郎自身の「運命」をささやいているよう（－）→「動かない星の光」と「ぞうりの音」が交錯する　という流れです。次郎の複雑な気持ちが読み取れます。

※大学受験や高校受験の勉強では「二項対立」という難しいことばで教わるようですが、この年代の子どもたちに「対立していることば」を意識するようにと言うと、「対立」を探すばかりで、文章そのものを読まなくなってしまいます。文章の中で「対立」がわかりやすく出てきたときに、「（＋）と（－）になるのね」、あるいは、「動くものと動かないものが出てきたわね」というような簡単なことばかけをして、それとなく理解させる程度になさってください。

一つの文章を繰り返し読み、話し合うことで読みを深める

次々新しい文章を読むのではなく、時々は立ち止まって、一つの文章を何回もじっくり読み、主人公の気持ちを思いやる習慣を持つことが、子どもたちの成長の礎になります。内容確認をしながら、次郎の複雑な気持ちを親子で充分に語り合って、読みを深めてください。

主人公の気持ちになりきることから始める

登場人物の心情を考えるとき、「自分の気持ちではなく主人公の気持ちを考えるのですよ」と子どもたちは指導者から言われます。しかし、主人公の気持ちを考えるときには自分に置き換えて想像したり、自分の心を通して主人公の気持ちを考えたりしないと、この年代の子どもには難しいことなのです。心や気持ちはとらえどころがないのですから、まずは自分に置き換えて考えること、なりきって考えることから練習する必要があります。

イメージする力を高める

なりきる練習は、子どもたちのイメージする力を高めます。自分の思い込みではなかなか難しいことですから、文章を共有して話し合う必要があります。時代背景など、子どもにわかりにくい部分を充分に説明します。主人公の背景をはっきりと読み取れていなければ「なりきる練習」はできません。

繰り返されることば、言い換えられていることばへの「印つけとメモ

※「いつか『次郎物語』を一冊読んでみよう」と子どもたちが思うならば、こんなにうれしいことはありません。お母様方にもぜひお読みいただきたい一冊です。子育てを経験する前の若年に読んだときとはまた違う、感慨深いものがあると思います。

※「星の光の中、ぴたぴたとぞうりの音をさせながら、次郎が、黙りこくって老人のあとについて歩く」という、音も色もある映像が描けるならば、もう「国語は苦手」からぬけだしていると言えます。北極星の光と自分の不安定な境遇が絡み合っている次郎の複雑な心を、肌で感じられるようになっているのですから。

書き」が、実践での点数に結びつく

　さっと筋だけを読み流してしまえば難しい文章とは感じないでしょう。しかし、丁寧に読めば読むほど難しい文章であることがわかります。

　難しい文章の場合は素直に「メモ書き」をしていくことが重要となります。書き出してあれば目にとまります。特に繰り返し出てくることば、言い換えて出てくることばは「印つけとメモ書き」をしてはっきりさせておきます。

「北極星」、「永遠」、「運命」、「厳粛」、「動かない星」、「ぞうりの音」は必ず「メモ書き」をしておきます。文章のどこに何が書いてあるかを明確にすることで、解答時の時間短縮にもなりますし、正確に解答することにもつながります。

読み取りチェックシート

問1　①から⑥のうち、本文の内容に合っているものには○、そうでないものには×をつけましょう。正しくない場合は、どこが正しくないのか、その部分に線を引いて×をつけてください。
①次郎は北極星が動かない星であることを知らなかった。
②北極星はいつまでも動かない星であり、海では方角の目じるしになることを正木の老人から聞き、その強い光に次郎はひきつけられた。
③次郎は、いつまでも動かない星である北極星の光に、今まで経験したことがないほどの澄みきった厳粛さをいだいた。
④次郎は自分のおかれている立場を、運命と思ってあきらめていた。

チェックシートの解答と解説
問1
①○
　一六行目〜一七行目に書かれています。「考えたこともなかった」、「ほかの星はみんな動いています？」とあります。
②×その強い光
　一二行目に「その光があんがい弱いものだったので、彼はなんだかつまらなく感じた。」とあります。選択肢の文章の前半は合っていても、さらに丁寧に後半も読みます。勢い込んで○をつける癖をやめさせます。文章を二つに分けると、前半は○ですが後半は×ですから、この文章は間

⑤ぴたぴたというぞうりの音は、次郎の運命をささやいているかのようであった。

⑥次郎は老人と歩きながら、永遠や運命を意識し、いつもとは違う厳粛なさびしさを感じた。

問2「北極星の光」、「ぞうりの音」は何を表していますか。文中からそれぞれ漢字二字で書きぬいてください。

違いです。

③○

〝厳粛さ〟とメモ書きしてあるところを読みます。

④×運命と思ってあきらめていた

後ろから一二～六行目に次郎の疑問が書かれています。

⑤○

後ろから一四～一三行目に書かれています。

⑥×永遠や運命を意識し

後ろから五～三行目に「永遠とか、運命とかいうようなことを、はっきりと意識する力は、まだ少年次郎にはなかった」と書かれています。読点で二つに分けると、前半は×ですが、後半は○です。この文章は間違いです。あわてて読むとミスをします。必ず本文に根拠を求めましょう。

問2

「北極星の光」は「永遠」、「ぞうりの音」は「運命」を表しています。

4
説明的文章への「印つけとメモ書き」の実例・初級

※説明的文章では、何についての文章であるかという「話題」、それに対する作者の「意見」、いくつかの意見のまとめとしての「結論」を読み取ります。

説明的文章に「シンプルな印つけとメモ書き」をする箇所

話題・意見・結論・つなぎ言葉・「このように」、「ようするに」・大切に思ったところ・印つけが長文にわたるところ

「シンプルな印つけとメモ書き」の練習

初級では、「シンプルな印つけとメモ書き」をして文章にきちんと向き合い、丁寧に説明的文章を読む練習をします。初心、あるいは、読み方を正すためのこの初級コースでは、詩の入門書として書かれたわかりやすい文章、『詩の世界』（高田敏子著）を読みながら練習いたしましょう。作者の意見が随筆的に書かれた説明的文章です。

「シンプルな印つけとメモ書き」をする箇所

説明的文章では、話題、意見、結論に「印つけ」をし、（話）、（い）、（結）と「メモ書き」をします。「しかし、つまり」というつなぎ言葉や、その後に書かれている大切な文章にも「印つけ」をしてはっきりさせておきます。「このように」、「ようするに」の後に続く文章にも「印つけ」をします。「印」は子どもたちに考えさせてください。自分で決めた印を書きとめて、透明なファイルに入れ、練習時には必ず手元に置くようにします。

説明的文章への「印つけとメモ書き」の実例　初級

―「印つけとメモ書き」で読み解く力を養う

練習文

「芸術」というと、何かとても高級な、普通《ふつう》の生活には関係のないぜいたくなもの、という感じをうけます。それは、美術館にあるようなものをつい思ってしまうからでしょう。

芸術はたしかにぜいたくなもの、といってもよいのですが、わたくしたちの周囲からそのぜいたくを取り去ってしまったら、わたくしたちの生活は、動物と同じになってしまいます。

食事をするのも、ただ空腹《くうふく》をみたすだけでよいと、その実用《じつよう》だけを考えたとしたら、料理の工夫をする必要もなく、食器《しょっき》なども使わずに手づかみでたべても用はたりるでしょう。

着るものも、ただからだをかくすものであればよい、また住む場所も、寒さや暑さをふせぎ、眠るだけの場所であればよいということになってしまいます。

でも、それだけではさびしい、つまらない、もっとたのしく生きる生き方を、ということから、美しいもの、べんりなものを生みだしてきたのでしょう。

花や木や星の、自然の美しさをとり入れ、風や波の音、小鳥の声、自然の音をとり入れて、絵や音楽を生みだしてきたのでしょう。

芸術とは、このように、生きるたのしさをのぞむ心から、生まれてきたものなのです。
つまり、芸術とは、わたくしたちが生きる上でのもっとも身近なものなのです。

高田敏子「詩の世界」より

「印つけとメモ書き」の実例

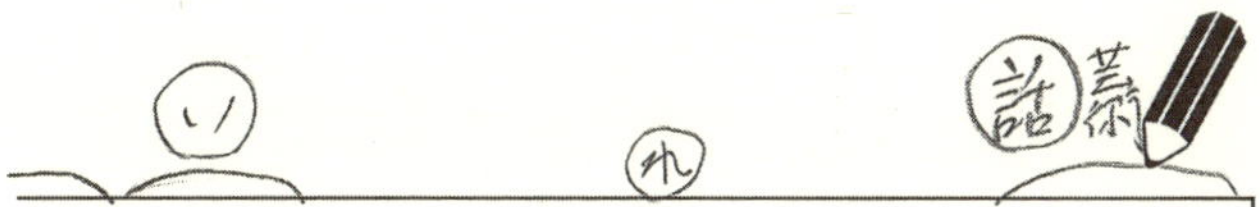

「芸術」というと、何かとても高級な、普通《ふつう》の生活には関係のないぜいたくなもの、という感じをうけます。それは、美術館にあるようなものをつい思ってしまうからでしょう。

芸術はたしかにぜいたくなもの、といってもよいのですが、わたくしたちの周囲からそのぜいたくを取り去ってしまったら、わたくしたちの生活は、動物と同じになってしまいます。

食事をするのも、ただ空腹《くうふく》をみたすだけでよいと、その実用《じつよう》だけを考えたとしたら、料理の工夫をする必要もなく、食器《しょっき》なども使わずに手づかみでたべても用はたりるでしょう。

着るものも、ただからだをかくすものであればよい、また住む場所も、寒さや暑さをふせぎ、眠るだけの場所であればよいということになってしまいます。

でも、それだけではさびしい、つまらない、もっとたのしく生きる生き方を、ということから、美しいもの、べんりなものを生みだしてきたのでしょう。

花や木や星の、自然の美しさをとり入れ、風や波の音、小鳥の声、自然の音

「シンプルな印つけとメモ書き」の説明

・「芸術」がこの文章の話題です。芸術の説明には「 」をつけました。こうすることで、ずるずるとした線引きを避けます。

・七～一一行目は、ぜいたくを取り去ったと考えたときの例です。初級の段階では（れ）と「メモ書き」をしなくても良いのですが、ここではこの説明をわかりやすくするために（れ）とメモ書きをしました。中級では例には（れ）と「メモ書き」をします。

・「でも」は「しかし」と同じ逆接のつなぎことばです。後に続く文章には大切なことが書かれている場合が多いので丁寧に読みます。ここでは「もっとたのしく生きる生き方を」が大切な文章です。限定の印つけをしました。

・この四行には「・・生みだしてきたのでしょう」という作者の意見が書かれています。この意見の部分は真っ

をとり入れて、絵や音楽を生みだしてきたのでしょう。
芸術とは、このように生きるたのしさをのぞむ心から、生まれてきたものなのです。
つまり、芸術とは、わたくしたちが生きる上でのもっとも身近なものなのです。

高田敏子「詩の世界」より

黒に線引きをしそうなところですが、大切な文章の中で、どこが最も必要かを考え、限定して印つけをしてください。こうして「目で字を追う」くせを「文章を読む」習慣へと正していきます。

・最後の三行には話題である「芸術」に対する作者の結論が書かれます。「このように」、「ようするに」の後にはまとめの文章が書かれています。大切な文章ですから「印つけ」をします。「つまり」の後に続く言い換えてまとめてある大切な部分も四角で囲みはっきりさせました。

「印つけとメモ書き」は目的ではなく、「読むための一つの手段」

文章を読み終えたら、「話題は?・結論は?・結論までの作者の意見は?」と、「印つけとメモ書き」にそって、口頭で簡単な「内容確認」をします。そうすることによって、「なぜここに『印つけとメモ書き』をしたか」がわかります。「印つけとメモ書き」は目的ではなく、「読むための一つの手段」なのです。「内容確認」をせずに、すぐに次の文章に取り組んでしまうと、練習の効果は思うほどには上がりません。

音読をしながら、「印つけとメモ書き」をして丁寧に読む練習をした子どもたちが、どのくらい読み取れているかを確認するための「読み取りチェックシート」です。本文中に根拠を見つけて解答するようにと導いてください。

チェックシートの解答と解説

問1

①× 高級なぜいたくなもの

読み取りチェックシート

問1　①から④のうち、本文で作者が述べている内容に合っているものには〇、そうでないものには×をつけましょう。正しくない場合はどこが正しくないのか、その部分に線を引いて×をつけてください。

①芸術は、私たちの普通の生活には関係のない高級なぜいたくなものである。

②自然の美しさや、自然の音をとりいれて、芸術が生みだされた。

③芸術とは、生きるたのしさをのぞむ心から生まれたものである。

④芸術とは、私たちが生きる上でのもっとも身近なものであり、実用的なものである。

問2　芸術とはどのようなものであると作者は述べていますか。二五字以内で答えましょう。

問2の解答と解説

この設問は、「結論」とメモ書きしてあるところを読み直せば解答できます。

―解答例　四年生―

「芸術とは、生きる上でのもっとも身近なものである。」（二四字）

最後の行には結論として「身近なものなのです」と書かれています。

②〇

一四～一五行目に「花や……生みだしてきたのでしょう」とあります。

③〇

一六行目に書かれています。

④×　実用的なものである

「実用」ということばは七行目にありますが、生活からぜいたくを取り去ったものを「実用だけ」としています。実用だけの生活は「さびしい、つまらない」、「もっとたのしく生きる生き方」ということから芸術が生みだされたと書かれています。

このように、選択肢の文章の前半は合っていても勢い込んで〇にしないように気をつけます。後半を丁寧に読まないと引っかかります。特に、文中のどこかほかのところに書かれていることばが出てくると「書いてあった」とあいまいな記憶で飛びつき、正解にしてしまいます。文章を最後まで読まなければなりません。

5 説明的文章への「印つけとメモ書き」の実例・中級（その1）

「印つけとメモ書き」の第二段階の練習

第一段階の初級と同じ文章で、「印つけとメモ書き」の第二段階の練習をします。さらに実践に結びつく「印つけとメモ書き」をして、文章を読み通す練習です。中級の長文に進む前に、短く、わかりやすいこの文章で練習してください。

説明的文章への「印つけとメモ書き」の実例・中級（その1）
―「印つけとメモ書き」を読解問題に活かす

「印つけとメモ書き」の実例

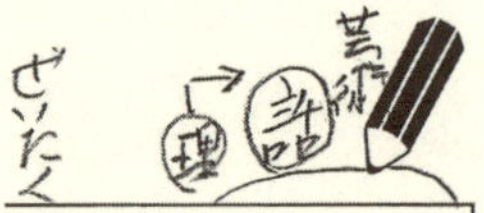

「芸術」というと、何かとても高級な、普通《ふつう》の生活には関係のないぜいたくなもの、という感じをうけます。それは、美術館にあるようなものをつい思ってしまうからでしょう。

芸術はたしかにぜいたくなもの、といってもよいのですが、わたくしたちの周囲からそのぜいたくを取り去ってしまったら、わたくしたちの生活は、動物

説明的文章への「印つけとメモ書き」二段階目の箇所

「シンプルな印つけとメモ書き」に次のものを加えます。
・繰り返されていることば
・言い換えのことば
・「ため・から・ので」は理由を表す。（理）と「メモ書き」をする
・並列して書かれていることがらは1・2・・と番号をつける

中級「印つけとメモ書き」の説明（初級で説明したものは省きます。）

・「ぜいたくなもの」は繰り返されている大切なことばです。「……（から）」は理由を表します。
・ぜいたくなものを取り去っ

と同じになってしまいます。

食事をするのも、ただ空腹《くうふく》をみたすだけでよいと、その実用《じつよう》だけを考えたとしたら、料理の工夫をする必要もなく、食器《しょっき》なども使わずに手づかみでたべても用はたりるでしょう。

着るものも、ただからだをかくすものであればよい、また住む場所も、寒さや暑さをふせぎ、眠るだけの場所であればよいということになってしまいます。

でも、それだけではさびしい、つまらない、もっとたのしく生きる生き方を、ということから、美しいもの、べんりなものを生みだしてきたのでしょう。

花や木や星の自然の美しさをとり入れ、風や波の音、小鳥の声、自然の音をとり入れて、絵や音楽を生みだしてきたのでしょう。

芸術とは、このように、生きるたのしさをのぞむ心から生まれてきたものなのです。

つまり、芸術とは、わたくしたちが生きる上でのもっとも身近なものなのです。

高田敏子「詩の世界」より

説明的文章の中級では「印つけとメモ書き」を見ながら、以下の順番に内容確認をします。

説明的文章の内容確認の順番

1・話題と結論を結びつけます。

2・その結論に至るまでの一つ一つの意見を押さえます。

た場合の**説明**には「　」をつけます。次の行に言い換えて「その実用だけ」とあります。**言い換えのことばは大切**です。**矢印**もつけました。ここでは**「実用」と「ぜいたく」は反対の意味**を表していますが、「対比」という難しいことを教えるのではなく、言い換えのことばを「メモ書き」して目に見えるようにしておくことで意識させます。

・七〜一一行目の「実用だけ」の例は①・②・③としました。
・「さびしい、つまらない」と**並列**して書かれていますので**①、②**としました。
・「ということ（**から**）」と**理由**が述べられています。一二〜一五行目は作者の二つの**意見**です。
・「**つまり**」、の後には**まとめの文章**が書かれます。

3・例と意見の関係を考えます。

1・話題と結論を結びつける

話題と結論を結びつけると、文章の内容がはっきりします。ここでは『「芸術」とは、普通の生活には関係のないぜいたくなもの、という感じを受けます』という話題に対して『芸術とは、生きる楽しさをのぞむ心から生まれた、生きる上でもっとも身近なものなのです』という結論が述べられています。もっと短くすると、芸術は「ぜいたくなもの」ではなく、「身近なもの」であるということがはっきりします。

2・結論に至るまでの一つ一つの意見を押さえる

文中で述べられているいくつかの意見のまとめが、結論です。この文章では、結論に至るまでに二つの意見が書かれています。一つは『身の回りからぜいたくを取り去り、実用だけではさびしい、つまらない、もっとたのしく生きる生き方をということから、美しいもの、べんりなものを生みだしてきたのでしょう』という意見です。もう一つは、『自然の美しさや自然の音をとり入れて、絵や音楽を生みだしたのでしょう』という意見です。

この二つの意見をまとめたものが、『芸術とは、ぜいたくなものではなく、生きるたのしさをのぞむ心から生まれてきた、生きる上でのもっとも身近なもの』という結論です。説明的文章では、いくつかの意見が述べられ、そのまとめとして結論が書かれています。

3・例と意見の関係を確認をする

例を挙げて意見を述べているのか、意見を述べてから、その意見をわかりやすくするために例を挙げているのかを判断します。ここでは、『ぜいたくを取り去り実用だけを考えた場合』の例を挙げて、芸術が生みだされた理由に関する作者の意見が述べられています。

「内容確認」で文章を理解する

説明的文章は、「印つけとメモ書き」をして話題と意見、結論を明確にし、さらに「内容確認」の手順で話題と結論を結びつける練習を繰り返します。話題→結論が押さえられるようになると、意見の総まとめが結論であることが理解できます。

ひと手間かけて「内容確認」をすることによって、「文章の内容がよくわかる」という経験を多くさせてください。その経験が問題を積極的に解くという実践に結びつきます。

「繰り返されていることば」、「言い換えられていることば」をメモ書きする

作者が伝えたいことは、繰り返されたり、言い換えられたりしています。難しい文章ほど、「繰り返されていることば」、「言い換えられていることば」を中心に「メモ書き」をして、どこに何が書かれているか、目に見えるように

しておきます。そして、文章が難しくてよく意味がよくわからなくても、あきらめずに読み進めていきます。

難しいことばを文脈から推し量ることで、実践力をつける

難しいことばが出てきても、そこで止まらずに、文脈から何とか推し量るという練習をして読み通します。このようにして読み通す気力を高めて、難解な文章にもしっかりと取り組めるように練習することが、実践の力になります。

読み取りチェックシート

今回は記述問題です。部分点はもらえても、なかなか正答が難しいのが記述問題です。その原因を探りましょう。

問　記述問題―記述の基本として2―

最後の行で「芸術とは、私たちが生きる上でのもっとも身近なものなのです。」と作者は述べていますが、なぜ、「身近なもの」と言えるのでしょうか。

解説と解答

―解答例　五年生―

「芸術とは、生きる楽しさをのぞむ心から生まれたもの（だから）」

注意する点・パッと飛びついてしまうこと

問われている部分のすぐ前だけを読んで答えたものです。○をつけてあげたいところですが、もう少し詳しく説明する必要があります。「生きる楽しさをのぞむ心から生まれたものだから身近なものって言える?」と問いかけると「?」という表情をしました。自分自身がわかる内容にしなければなりません。

注意する点・文末を合わせること

「なぜですか」という問題の文末は「・・だから」、「・・から」とします。「どういうことですか」という問題には「・・ということ」とします。せっかく解答できていても、文末をきちんと合わせなければ減点されてしまいます。気をつけましょう。

―解答例　六年生―

「芸術は普通の生活に関係のないぜいたくなものではなく、私たち自身の生きる楽しさをのぞむ心から生まれたものであり、私たちの一番身近にある自然をとり入れて生まれたものでもあるから。」

「普通の生活に関係のない」は字数制限がある場合は、省いても良いでしょう。

結論までの過程をたどること

話題と結論を結びつけて考え、「身近」⇕「ぜいたく」を押さえました。そして、結論部分にある「生きるたのしさをのぞむ心から」を「自分たちの気持ちなんだから、身近って言えるよね」と発言しました。さらに、「自然をとり入れ」の部分に着目し、「『自然』は『身近』にあるよね」とすぐに結びつけられたようです。話題と結論、一つひとつの意見と結論を結びつけて解答しています。

当たらずと言えども遠からずの解答をより正確にするために

説明的文章の理解を深めるためには、このように、話題と結論、意見と結論を結びつけることが必要です。解答するときには書くことを一つ見つけて満足せずに、どのような意見でこの結論が導き出されたのかをもう一度確認します。このときに余白に書き出してある「メモ書き」が役に立ちます。こうして、当たらずと言えども遠からずの解答をより正確な解答に近づけます。

6 説明的文章への「印つけとメモ書き」の実例・中級（その2）

長文では「メモ書き」をする

中級（その1）では短い文章での「印つけとメモ書き」を練習しました。今度はもう少し長い文章で練習しましょう。読解問題を解くという実践を意識して、特に「メモ書き」を面倒がらずにします。

作者の経験と意見が書かれた随筆文は、説明的文章として読む

ここで練習する文章、「『新しい人』の方へ」（大江健三郎著）は「子供が、本を読むにあたってとるべき態度」について書かれた随筆文です。作者の意見が、作者自身の経験を通しての工夫や考えをもとに述べられています。説明的文章として「印つけとメモ書き」をします。

今回は、長い文章の一部を掲載いたしました。この文章での話題、意見、結論として説明いたします。

説明的文章への「印つけとメモ書き」中級
―「印つけとメモ書き」を活用して「内容確認」をする

『「新しい人」の方へ』前置き

本を「つい早く読んでしまう子供」であった中学生時代の作者が、自分を訓練する方法を工夫し、さらに、読みながら他のことを考えてしまう癖をなおそうと工夫しました。

練習文

それでも、中学生の私は、他のことを考えてしまう癖をなおそうとして、工夫はしたのです。赤鉛筆を持っていて――そのころの赤や青の鉛筆は、芯が折れやすかったので、念入りにあつかいました――読んで大切だと思ったところに線を引く。

赤鉛筆で傍線を引くということは、その部分を注意深く二度読むことです。二度読みながら、次に進んで行く、ということがいいのです。難しいところが、わずかずつでも頭に入ってきます。それと、本を読み進んでから、あすこはどうだったろうと、前にさかのぼって読みなおすことが、おっくうでなくなります。赤線をたよりにすぐ見つけられるし、二度読むことで、忍耐力が訓練されていますから。

この忍耐力が大切です。外国語の本を、一応のスピードをもって読むようになればわかりますが、ある一、二行の意味がはっきりしなくても、そこを跳び越えて読み進む、ということをします。母国語の日本語はもとより、英語でもフランス語でも、文章には、読んでいる自分を勢いよく前へ押し進めてくれる力があります。

映画の場合、それはもっとはっきりしています。よく考えて作られている映画には、スクリーンでの物語の進み行きにこちらを乗せて進ませる力があります。あ、ここがよくわからない、と思っても映画は進みますしね。ちょっと止めて、巻き戻して調べることができるようになったのは、ヴィデオがひろまってからです。

本を読み進む力は読み手が働かせるわけですが、読み手の私たちにしっかり読んでゆかせる、競技のコーチのような力を、本の書き手も働かせているのです。そこで、愉快に、軽快に、いくらか意味のつかめないところがあっても、文章の勢いに乗せられて、前へ前へ進むことがあります。しかも、そのようにして読んで行って、あるところで、それまでの、よくわからなかったものがすっかりわかることがあります。霧のなかの山道を登っていて、晴れわたった瞬間、いま立っているところだけでなく、これまで登ってきた道筋もよく見渡せる場合に似ています。

大江健三郎「『新しい人』の方へ」より

「印つけとメモ書き」の実例

それでも、中学生の私は、他のことを考えてしまう癖をなおそうとして、工夫をしたのです。赤鉛筆を持っていて――そのころの赤や青の鉛筆は、芯が折れやすかったので、念入りにあつかいました――読んで大切だと思ったところに線を引く。

赤鉛筆で傍線を引くということは、その部分を注意深く二度読むことです。二度読みながら、次に進んで行く、ということがいいのです。難しいところが、わずかずつでも頭に入ってきます。それと、本を読み進んでから、あすこはどうだったろうと、前にさかのぼって読みなおすことが、おっくうでなくなります。赤線をたよりにすぐ見つけられるし、二度読むことで、忍耐力が訓練されていますから。

この忍耐力が大切です。外国語の本を、一応のスピードをもって読むようになればわかりますが、ある一、二行の意味がはっきりしなくても、そこを跳び越えて読み進む、ということをします。母国語の日本語はもとより、英語でもフランス語でも、文章には、読んでいる自分を勢いよく前へ押し進めてくれる力があります。

映画の場合、それはもっとはっきりしています。よく考えて作られている映画には、スクリーンでの物語の進み行きにこちらを乗せて進ませる力があります。あ、ここがよくわからない、と思っても映画は進みますしね。ちょっと止

『新しい人』の方へ」「印つけとメモ書き」の説明

・本を読みながら、「他のことを考えてしまう癖」を直す工夫です。この文章の話題です。「線を引く」は繰り返されています。

・「線を引く」工夫に対する作者の考えが書かれています。〜〜をつけました。

・「……から」は理由を示します。「忍耐力」は次の段落にも出てきます。少し難しい熟語が繰り返されている場合は、上の余白に「メモ書き」をしておくと役に立ちます。

・「忍耐力が大切です」と意見が述べられています。「意味がはっきりしなくても、そこを跳び越えて読み進む、ということをします」と書かれています。「読み進む」はこの後も繰り返されています。気がついた時点で戻って四角で囲みはっきりさせました。

めて、巻き戻して調べることができるようになったのは、ヴィデオがひろまってからです。

　本を読み進む力は読み手が働かせるわけですが、読み手の私たちにしっかり読んでゆかせる、競技のコーチのような力を本の書き手も働かせているのです。

　そこで、愉快に、軽快に、いくらか意味のつかめないところがあっても、文章の勢いに乗せられて、前へ前へ進むことがあります。しかも、そのようにして読んで行って、あるところで、それまでの、よくわからなかったものがすっかりわかることがあります。霧のなかの山道を登っていて、晴れわたった瞬間、いま立っているところだけでなく、これまで登ってきた道筋もよく見渡せる場合に似ています。

大江健三郎「『新しい人』の方へ」より

・①外国語の本、②映画の場合を例に挙げて「文章には、読んでいる自分を勢いよく前へ押し進めてくれる力」があると述べています。
・「本を読み進む力」についての意見が書かれています。①、②としました。
・「よくわからなかったものがすっかりわかることがあります」という結論が書かれています。山道にたとえて説明しているところに「　」をつけました。

順をおって「内容確認」をする

　文章を読み終えたら、「印つけとメモ書き」を見ながら、前述の順番に内容確認をします。説明的文章においては必ず話題と結論を結びつけることを習慣にします。

（ただし、練習用として短く切り取った文章では、話題、意見、結論がはっきりしないものもあります。字数上仕方がないことなのです。その場合は、無理にこじつけず、読み取れるものを大切にとお考え下さい。）

1・話題と結論を結びつける

『他のことを考えてしまう癖をなおそうとして、読んで大切だと思ったところに赤鉛筆で線を引くという工夫をした』ことが話題です。それに対して「よくわからなかったものがすっかりわかることがある」という結論が書かれています。最も短くすると「線を引くと、わかることがある」という文章です。

2・その結論に至るまでの一つ一つの意見を押さえる

ここでは意見が三つ述べられています。大きな括弧がつき、「線を引く・(い)」「忍耐力・(い)」と「メモ書き」してある部分と、「読み進む力・(い)」と「メモ書き」してある部分です。「二度読みながら、次に進んで行く、ということがいいのです。難しいところが、わずかずつでも頭に入ってきます」、「二度読むことで、忍耐力が訓練されていますから」「前にさかのぼって読みなおすことが、おっくうでなくなります」、「忍耐力が大切です」、「…そこを跳び越えて読み進むということをします」と意見が述べられ、線を引くことで訓練された忍耐力が「読み進む力」になることを明らかにしています。また、「前へ押し進ませる力があります」、「本の書き手も働かせているのです」と述べ、『文章には、前へ推し進めてくれる力がある』という意見も述べています。これらの意見のまとめとして、『書き手と、読み手が働かせる本を読み進む力で、それまでの、よくわからなかったものがすっかりわかることがある』と結論を述べています。

3・例と意見の関係を考える

ここでは、「外国語の本を読むとき」と「映画の場合」を例に挙げて、「文章には、読んでいる自分を勢いよく前へ押し進めてくれる力がある」という意見を述べています。

難しい文章を「読めない」と決めこまない

子どもたちは、長い文章、わかりにくい文章、あるいは、文章構成が少し変化すると「難しい」と思ってしまいます。難しいと感じた瞬間に集中力は途切れます。読めるものも「読めない」と決めこんでしまうから、本当に読めなくなってしまうのです。

いつでも、どこでも、どんな文章でも、ただ素直に「「印つけとメモ書き」をしながら読んでいけばよいのです。難しいからこそ、ゆっくりと、少しずつ読んでいきます。難しいからこそ「メモ書き」をしておきます。

繰り返されていることば、言い換えていることばには戻ってでも「印つけとメモ書き」をする

長文では、段落内で繰り返されていることばに「印つけ」をし、上の余白に「メモ書き」をすること、また、言い換えている文章に「印つけ」をして矢印や（＝）と書いておくことが、内容を理解する上で、あるいは、解答する上で大変役に立ちます。言い換えのことばや、繰り返されていることばに気づいたときには、戻ってでも「印つけとメモ書き」をします。あいまいな記憶に頼らず、どこに何が書かれているかを目に見えるようにしておくことが、実践練習をするとき

一つの文章を繰り返し読むことで、「読む力」を伸ばす

今日、この文章がわからなかったら、明日も繰り返します。繰り返すうちに文章の内容が理解できるようになります。「読むこと」と「理解すること」が一致したときに、読む力がぐんと伸びます。一つの文章を繰り返すことは「読む力」を訓練することなのです。

どうぞ時間に追われることなくゆっくり読んでください。「ゆっくり」、「繰り返し」ということばは受験準備の中では片隅に追いやられることばです。しかし、本当は今、このとき、一番必要なことばなのではないでしょうか。

に大いに役立ちます。記述問題を確実にするためにも、選択肢問題での根拠を明確にするためにも、記憶で解答するのではなく、必ず目で見て確認します。

読み取りチェックシート

問1　①から④のうち、本文で作者が述べている内容に合っているものには○、そうでないものには×をつけましょう。正しくない場合はどこが正しくないのか、その部分に線を引いて×をつけてください。

①ゆっくり読む訓練として、大切だと思ったところに赤鉛筆で線を引くという工夫をした。

②大切なところに赤鉛筆で線を引くということは、その部分を注意深く二度読むことである。

③線を引きながら注意深く読み進めることで、難しいところが少しずつ頭に入ってくるし、二度読むことで、忍耐力も訓練される。

④本を読み進める力は、読み手だけが働かせるものである。

問2　記述問題―記述の基本として3―

三～四行目、「読んで大切だと思ったところに線を引く」という作者の工夫は、どのような効果があると書かれていますか。

チェックシートの解答と解説
問1

①×　ゆっくり読む訓練として
　一行目に「他のことを考えてしまう癖をなおそうとして」と書かれています。

②○　そのように書いてあります。

③○　五行目～一〇行目に書かれています。

④×　読み手だけが働かせるものである
　二二行目に「本の書き手も働かせている」と書かれています。

問2の解答と解説

―解答例　五年生　―

「その部分を注意深く読むことで、難しいところが、わずかずつ頭に入ってくるという効果がある。」

残念ながら△の解答です。

注意する点・もう少し先まで読むこと

「線を引く」と余白に「メモ書き」をしてあるところを読み直して書いた答案です。一つキーワードを探して、すぐに書き始めてしまいました。もう少し先まで読めば気がついたでしょうに。

注意する点・記述の解答の文章には指示語をそのまま使わない

記述の文章では、「その部分」というように、指示語をそのまま使わないようにします。「その部分」は「線を引いた部分」と言い換えておきます。

―解答例　六年生1―

「読んで大切だと思った部分に線を引いて、注意深く二度読みながら読み進んでいくと、難しいところが少しずつ頭に入っていくし、二度読むことで忍耐力が訓練されているので読み進んでから、前にさかのぼって読み直すことがおっくうでなくなるという効果がある。」

注意する点・一文ではわかりにくい場合は、二つに分けて書く

例・「注意深く二度読みながら読み進んでいくことで、難しいところが少しずつ頭に入っていくという効果がある。また二度読むことで忍耐力が訓練されているので前にさかのぼって読み直すことがおっくうでなくなるという効果がある。」

こうするとさらにわかりやすい文章になります。一〇二字の文章です。

―解答例　六年生2―

前の解答例に「読み進む」ということを付け加えた解答。

「文章の難しいところが少しずつ頭に入っていくという効果がある。また二度読むことで訓練された忍耐力が文章を読み進む力になり、書き手の働かせる読み進む力と合わさって、それまでのよくわからなかった文章がわかるようになるという効果がある。」（一一四字）

六年生2の解答ができあがるまで

まず、解答に必要な箇所を、本文のメモ書きを中心に選び出します。

この設問に対しては、「線を引く」と「メモ書き」してある部分を読みます。「メモ書き」を中心に見ると「線を引く」、「忍耐力」、「読み進む」、「読み進む力」とあります。すべて「線を引く」話題に関連しています。このように広くその範囲をとらえます。

①他のことを考える癖をなおすため。

②大切と思った部分を注意深く二度読みながら、読み進んでいくと、難しいところが少しずつ頭に入っていく。

③二度読むことで忍耐力が訓練されるので、前にさかのぼって読み直すことが、おっくうでなくなる。

④線を引きながら読むことで訓練された忍耐力と文章の持つ読み進める力で、意味がはっきりしないところを跳び越えて読み進めていく。

⑤書き手が働かせる読み進める力と、読み手が働かせる読み進む力により、わからなかったものがすっかりわかることがある。

メモ用紙を利用して練習する

練習時にはメモ用紙に、以上の五点を一枚に一つずつ書いて組み合わせを工夫し、時間をかけて質の高い文章を書き上げることをします。省く部分、書き足す部分、助詞やつなぎことばの使い方など考えることがたくさんあります。この練習が記述の大きな力となります。

試験ではこのように書き出すことはできませんから、自分なりの「印つけとメモ書き」を考えて本文中の書くべきことばをはっきりさせておきます。

記述のポイント

記述問題を解くときには、設問で聞かれている部分を含む段落を広くとらえる

記述問題を解くときには、余白の「メモ書き」を頼りに読むべき箇所を広くとらえ、必要と思われるキーワードをはっきりさせます。設問で聞かれている部分を含む段落を広くとらえることがポイントになります。子どもたちは本文中の設問で聞かれている前の部分で答えてしまうか、狭い範囲で答えようとする傾向があります。

一時期、時間をかけ、苦労して「文章を練る」

急いで書く練習をするのではなく、時間をかけて苦労して「文章を練る」経験をさせます。この積み上げが「書く力」につながります。六年生2の解答例はこのように苦心して書いた解答です。

第四章

「印つけとメモ書き」実践編—過去の入試問題を解く

1

物語的文章の解き方
―学習院中等科・二〇〇七年入試問題

※過去問とは、過去の入学試験問題のことです

第三章では「印つけとメモ書き」をしながら文章を読む練習をしました。第四章では実際の入試問題を解いてみましょう。過去問の中から、物語的文章と説明的文章を一題ずつ選びました。

ここで注意していただきたいことは、実践の練習であっても、六年生の夏休み前までは時間制限はしないということです。この時期に時間をかけて丁寧に読み、文章の内容を理解する練習をしておくことが、秋以降、本番に向けての「制限時間内に読み解く」ことにつながります。

物語的文章は、学習院中等科の二〇〇七年の入試問題です。「印つけとメモ書き」をして、登場人物の気持ちの変化を読み取ります。

物語的文章の「印つけとメモ書き」のポイント

①心情の変化と、そのきっかけとなったできごとをはっきりさせる
②情景を描くことで心情を表す場合もあることを意識する
③「繰り返されていることば」、「言い換えられていることば」、「しかし」は大事

④時、場所が変わったところが場面分けになる場合が多い

「恋」に関する話はわが子には理解できないと思っているお母様方へ

この問題文では三丁目の少年が、同級生の女の子にほのかな思いをいだいていることが書かれている場面があります。「うちの子は幼いから、『恋』の関係の物語なんて無理だわ」とお思いになるお母様方も多いようですが、心配することはありません。五歳の子どもでさえも、「〇子ちゃんってかわいいね」、「〇子ちゃんの隣に座りたい」と言うことがあります。それが「恋」かどうかは別にして、「気になる子」というのは幼いうちから誰にでもあるのではないでしょうか。男の子はお母さんにはそんな気持ちを隠すものです。

実はわが子もそういうことには無関心な子でしたが、「〇子ちゃんが、あなたと遊びたいんだって」と言うとうれしさを隠し切れずに、恥ずかしそうな顔をしていたものです。そういう男の子の気持ちにはあまり深入りせずに、ご自分の小学生の頃の甘い思い出でもお話しになることの方が、「幼いから」と決めつけるよりも効果があります。

親子の読み合わせで「親の経験や考えを子どもに伝える」

親子の読み合わせでの最高の効果は「親の経験や考えを子どもに伝える」ことです。それが子どもの疑似体験にもなりますし、何よりお母様という一番近い「人の心」を直接に感じる、大きな経験になります。

物語的文章の問題を実際に解いてみる

問題文と設問

【国　語】〈第一回試験〉〈五〇分〉〈満点：一〇〇点〉

〈注意〉字数が決まっている問いについては、「、」や「。」も一字と数えます。

一　次の文章を読んで、後の問いに答えなさい。

ラッキー。三丁目の少年は、エレベーターを降りると、こっそりほほえみをうかべた。

ビルの*エントランスホールにエツコがいる。1まいっちゃったなあ、という様子で外を見ている。外は雨だ。雷(かみなり)まじりのどしゃ降り――ビルの前を行きかう車は、まるで川の中をつっ切っているみたいに路面の水をはね上げている。

少年とエツコは同級生だった。二人とも虫歯の治療(ちりょう)でビルの中にある歯科クリニックに通っている。いつもはクリニックで出くわすことはなかったが、今日はたまたま入れちがいで予約をとっていた。クリニックのロビーでエツコとすれちがったときも、「　ア　」、と思った。「うっす」「そっちも虫歯?」「悪いかよ」「べつに」――ほんのそれだけの会話でも、今日はサイコーだと①マンゾクしていた。

でも、五分足らずの短い治療の間に雨が降りはじめた。会計で支はらいを終えてエレベーターに乗るとき、もしかしたら、と②キタイした。みごとに当たった。ラッキーが二倍。傘(かさ)を持っていなかったエツコは、外に出られずに、一人で雨やどりをしていたのだ。

少年は折りたたみ傘をバッグに入れている。「夕立が降るって天気予報で言ってたよ」と出がけにお母さんに傘をわたされ、「　イ　」、と思いながらもバッグに放りこんだ。それが大正解だった。

エツコはまだ少年に気づいていない。少年もエレベーターの前にたたずんだまま、作戦を考えた。

「いっしょに帰ろうぜ」と傘に入れてやる――それはちょっと無理だ、いくらなんでも。だいいち、相合い(あいあい)傘なんてオトコらしくない。

オトコらしくするのなら、答えは一つしかなかった。

「貸してやるよ、これ」――傘をエツコに差し出して、そのまま自分は外にかけだして、雨の中をダッシュして帰る。いい。すごくいい。お母さんには傘をなくしたと言えばいい。たとえしかられても、言い訳なし。そういうところがオトコらしさなのだ。明日の朝、学校でエツコから「ありがとう」の一言とともに傘を返してもらえば、クラスのヤツらはびっくりするだろうし、「アツーい、アツーい」と冷やかすヤツもいるだろうし――そういうのをぜんぶひっくるめて、とにかく、すごくいい。

あとは、いつ、どんなふうにエツコに声をかけるか。そこが問題だ。顔が赤くなったらサイテーだし、声がふるえてしまったら、もっとサイテーだ。とりあえず傘をバッグから出して、（Ａ）にぎりしめて、落ち着け落ち着け、と自分に言い聞かせていたら、雷がまた鳴った。玄関(げんかん)のガラスがビリビリッとふるえた。エツコは「きゃっ！」と短くさけんで、身を③チヂめながら外に背を向けた。

目が合った。2泣きだしそうな顔をしたエツコは、学校で会うときよりも幼く見えた。

雨が降る。雷の音は少しずつ遠ざかっていたが、雨脚(あまあし)はあいかわらず強い。

④キショウチョウの梅雨(つゆ)明け宣言を追いぬいて、季節が変わる。街角にさくアジサイの花を散らすこの雨は、夏の夕立だ。

一丁目の少年はクリームソーダをストローで飲みながら、色のついた窓ガラスごしに外の通りを見ていた。駅行きのバスが、いま、喫茶店(きっさてん)の前を走りぬけていった。3結局バスを二本やり過ごしたことになる。

顔を外に向けたまま、横目でおばあちゃんの様子をうかがった。おばあちゃんは、あんみつの豆を一つずつスプーンですくって食べている。バスに乗れずにふてくされているようにも見えるし、ただあんみつを食べるのに⑤ムチュウになっているだけのようにも見える。

あまいものは、おばあちゃんもお母さんも大好きだ。でも、おばあちゃんは和菓子(わがし)のあんこが好きで、お母さんはゼリーやババロアのような洋菓子が好き——二人のケンカは、あんがいそういうところに原因があるのかもしれない、と少年は思う。

雨は降り出したときと同じように、小降りになってきたと思う間もなくあがった。

三丁目の少年は折りたたみ傘をバッグにしまった。「いらなーい」――エツコに言われた言葉が、まだ耳のおくに残っている。傘を差し出すと、「お母さんがむかえに来てくれるから」の一言であっさり断られた。⑥ジッサイ、エントランスの外から車のクラクションが聞こえたところだった。

「じゃあね、バイバイ」

エツコは軽く手をふって外に出て、それですべてが終わった。「いっしょに乗って帰る？」とさそってもくれなかった。傘を貸せなかったことよりも、そっちのほうが最初はショックだった。でも、こっちは傘を持っているのだからさそうわけがない。理屈(りくつ)の⑦スジミチを通して少しだけ立ち直り、さそわれてもどうせ乗らなかったし、とつづけて、4なっ、なっ、そうだよな、と自分に確かめた。あったりまえじゃん。力強く答えた――つもりだ。

しょんぼりうつむいて、ロビーを抜けて、自動ドアのエントランスをくぐって外に出た。

ビルのひさしから雨だれが落ちていた。雲の切れ間から陽(ひ)がさして、ぬれた路面がきらきら光る。ほこりを洗い流された町なみは輪郭(りんかく)が（Ｂ）して、街路樹(がいろじゅ)の緑もあざやかになった。ビルとビルの隙間(すきま)の空を、鳥がよぎっていった。あの鳥も、どこかで雨やどりをしていたのかもしれない。

一丁目の少年は、喫茶店を出ると、東の空に虹(にじ)を見つけた。きれいな色や形はしていなかったが、青や赤の帯が空に映し出されている。おばあちゃんも「きれいじゃなあ」と笑って、バス停とは反対側に歩き出した。

「なあ、トシちゃん」

「……なに?」

「水ようかん、買うて帰ろうか」

どこに——とは、言わなかった。少年もきかない。代わりに、「ぼく、買ってくる」と言った。和菓子屋さんは通りの先の交差点の、もっと先にある。

おばあちゃんは「ほんなら、交差点のところまで行って待っとるけん」と少年にさいふをわたして、少し照れくさそうにつづけた。

5「夏みかんのゼリーも買うとこうか」

三丁目の少年も虹を見つけた。空ではなく、道路に。車のオイルが水たまりに虹色のまくをつくっていたのだ。

ズックで、(　C　)虹をふんでみた。きれいな色の帯はゆらゆらとゆれて乱れても、色そのものは消えない。

よし、と少年は顔を上げた。夕立のなごりの、ひんやりとしめった風が頬(ほお)をかすめた。

(重松　清の文章による)

*エントランス　入り口。

問一　――線①～⑦のカタカナの部分を漢字に直しなさい。
問二　「ア」に当てはまる文章中の言葉を十字以内で書きなさい。
問三　「イ」にはどのような言葉が入りますか。十字程度で書きなさい。
問四　（A）～（C）に当てはまる言葉を、次の中からそれぞれ選び、その番号を書きなさい。
1　ぐいっと　2　くっきりと
3　ぎゅっと　4　ゆうゆうと
5　ぱっと　6　そっと
問五　～～線1について、この時のエツコの気持ちを十字以上二十字以内で書きなさい。
問六　～～線2について、この時の三丁目の少年のエツコに対する気持ちを五十字以内で書きなさい。
問七　～～線3について、どうして一丁目の少年は二台もバスを「やり過ごした」のですか。その理由を次の中から一つ選び、その番号を書きなさい。
1　おばあちゃんがゆっくりとあんみつを食べていたから。
2　雨がやむのを待っていたから。
3　お母さんが来るのを待っていたから。
4　クリームソーダがとてもおいしかったから。
問八　～～線4について、この時の三丁目の少年の気持ちを二十字程度で書きなさい。
問九　〜〜線5について、このことから「おばあちゃん」の「お母さん」に対する気持ちを二十字程度で書きなさい。
問十　一丁目と三丁目の少年がそれぞれ登場している場面の共通点を三つ書きなさい。

「印つけとメモ書き」の例
問題文と設問

三丁目 ⊕
エツコ ⊖

【国　語】〈第一回試験〉〈五〇分〉〈満点：一〇〇点〉
〈注意〉字数が決まっている問いについては、「、」や「。」も一字と数えます。

一　次の文章を読んで、後の問いに答えなさい。

ラッキー。三丁目の少年は、エレベーターを降りると、こっそりほほえみをうかべた。

ビルのエントランスホールに＊エツコがいる。1まいっちゃったなあ、という様子で外を見ている。外は雨だ。雷(かみなり)まじりのどしゃ降り――ビルの前を行きかう車は、まるで川の中をつっ切っているみたいに路面の水をはね上げている。

少年とエツコは同級生だった。二人とも虫歯の治療(ちりょう)でビルの中にある歯科クリニックに通っている。いつもはクリニックで出くわすことはなかっ

・雨の説明には［　］をつけました。
・「予約」は覚え書きです。
・文章の初めの「ラッキー」、ここの部分の「今日はサイコー」は特別な書き方なので、限定の印つけをして、注意して読みました。

たが、今日はたまたま入れちがいで予約をとっていた。クリニックのロビーでエツコとすれちがったときも、「　ア　」、と思った。「うっす」「そっちも虫歯？」「悪いかよ」「べつに」――ほんのそれだけの会話でも、「今日はサイコーだ」とマンゾクしていた。

でも、五分足らずの短い治療の間に雨が降りはじめた。会計で支はらいを終えてエレベーターに乗るとき、もしかしたら、とキタイした。みごとに当たった。ラッキーが二倍。傘（かさ）を持っていなかったエツコは、外に出られずに、一人で雨やどりをしていたのだ。

少年は折りたたみ傘をバッグに入れている。「夕立が降るって天気予報で言ってたよ」と出がけにお母さんに傘をわたされ、「　イ　」、と思いながらもバッグに放りこんだ。それが大正解だった。

エツコはまだ少年に気づいていない。少年もエレベーターの前にたたずんだまま、作戦を考えた。

「いっしょに帰ろうぜ」と傘に入れてやる――それはちょっと無理だ、いくらなんでも。だいいち、相合い（あいあい）傘なんてオトコらしくない。

「貸してやるよ、これ」――傘をエツコに差し出して、そのまま自分は外にかけだして、雨の中をダッシュして帰る。いい。すごくいい。お母さんには傘をなくしたと言えばいい。たとえしかられても、言い訳なし。そういうところがオトコらしさなのだ。明日の朝、学校でエツコから「ありがとう」の一言とともに傘を返してもらえば、クラスのヤツらはびっくりするだろうし、「アツーい、

・「キタイ」「当たった」は（＋）の気持ちです。

・「雨やどり」は覚え書きです。

・傘を持っていることの説明は①、②、③としました。

・「作戦」①は「オトコらしくない」、②は「すごくいい」、「オトコらしさ」のある作戦。このことばは繰り返されています。気分は（＋）です。

アツーい」と冷やかすヤツもいるだろうし――そういうのをぜんぶひっくるめて、とにかく、すごくいい。

あとは、いつ、どんなふうにエツコに声をかけるか。そこが問題だ。顔が赤くなったらサイテーだし、声がふるえてしまったら、もっとサイテーだ。とりあえず傘をバッグから出して、（Ａ）にぎりしめて、落ち着け落ち着け、と自分に言い聞かせていたら、雷がまた鳴った。玄関（げんかん）のガラスがビリビリッとふるえた。エツコは「きゃっ！」と短くさけんで、身を③チヂめながら外に背を向けた。

目が合った。
2 泣きだしそうな顔をしたエツコは、学校で会うときよりも幼く見えた。
雨が降る。雷の音は少しずつ遠ざかっていたが、雨脚（あまあし）はあいかわらず強い。
④キショウチョウの梅雨（つゆ）明け宣言を追いぬいて、季節が変わる。街角にさくアジサイの花を散らすこの雨は、夏の夕立だ。
一丁目の少年はクリームソーダをストローで飲みながら、色のついた窓ガラスごしに外の通りを見ていた。駅行きのバスが、いま、喫茶店（きっさてん）の前を走りぬけていった。3 結局バスを一本やり過ごしたことになる。

顔を外に向けたまま、横目でおばあちゃんの様子をうかがった。おばあちゃんは、あんみつの豆を一つずつスプーンですくって食べている。⑤バスに乗れずにふてくされているようにも見えるし、ただあんみつを食べるのにムチュウに

・少年が考えていることの並列した説明は、①、②、③としました。エツコの様子にも①、②と番号をふり、「こわい」と言い換えて「メモ書き」しておきました。「雷」は繰り返されています。

・エツコの「泣きだしそうな顔」（二）は「〜よりも幼く見えた。」と書かれています。「かわいい」と言い換えて「メモ書き」しました。

・一丁目の少年が主人公です。「夕立」は三丁目の少年のお母さんのことばの中にもあります。

・「雨やどり」の様子には①、②と番号をふりました。

・おばあちゃんの様子も番号をふり、「〜ように」には波線をつけて目立たせておきました。

・「ケンカ」に関しての少年の心の中のことが書かれています。

少年 ケンカ 心の中　｜　三丁目　断られた→理　ショック　筋道　強がる

なっているだけのようにも見える。

あまいものは、おばあちゃんもお母さんも大好きだ。でも、おばあちゃんは和菓子(わがし)のあんこが好きで、お母さんはゼリーやババロアのような洋菓子が好き――二人のケンカは、あんがいそういうところに原因があるのかもしれない、と少年は思う。

雨は降り出したときと同じように、小降りになってきたと思う間もなくあがった。

三丁目の少年は折りたたみ傘をバッグにしまった。「いらなーい」――エツコに言われた言葉が、まだ耳のおくに残っている。傘を差し出すと、「お母さんがむかえに来てくれるから」の一言であっさり断られた。ジッサイ、エントランスの外から車のクラクションが聞こえたところだった。

「じゃあね、バイバイ」

エツコは軽く手をふって外に出て、それですべてが終わった。「いっしょに乗って帰る?」とさそってもくれなかった。傘を貸せなかったことよりも、そっちのほうが最初はショックだった。でも、こっちは傘を持っているのだからさそうわけがない。理屈(りくつ)のスジミチを通して少し立ち直り、さそわれてもどうせ乗らなかったし、とつづけて、なっ、なっ、そうだよな、と自分に確かめた。あったりまえじゃん。力強く答えた――つもりだ。

しょんぼりうつむいて、ロビーを抜けて、自動ドアのエントランスをくぐって外に出た。

・場面は変わり、三丁目の少年の話です。

・今までの(十)の少年の気持ちは、「断られた」ことをきっかけに(一)に転じます。気持ちの変化のきっかけになった「断られた」というできごとは上の余白に「メモ書き」をして、はっきりさせました。

・「すべてが終わった」は(一)の気持ちです。「ショック」の説明は①、②としました。「〜だから」と理由を述べています。少年の気持ちがこの四行に説明されています。①〜④と番号をつけました。ショックを受けた少年の強がる様子です。

・夕立がやんだ街の様子は番号をつけました。普段の生

心中　△

一丁目　空の虹

仲直り　＋

三丁目　道路の虹

ビルのひさしから雨だれが落ちていた。雲の切れ間から陽（ひ）がさして、ぬれた路面がきらきら光る。ほこりを洗い流された町なみは輪郭（りんかく）が（Ｂ）して、街路樹（がいろじゅ）の緑もあざやかになった。ビルとビルの隙間（すきま）の空を、鳥がよぎっていった。あの鳥も、どこかで雨やどりをしていたのかもしれない。

一丁目の少年は、喫茶店を出ると、東の空に虹（にじ）を見つけた。きれいな色や形はしていなかったが、青や赤の帯が空に映し出されている。おばあちゃんも「きれいじゃなあ」と笑って、バス停とは反対側に歩き出した。

「なあ、トシちゃん」

「……なに？」

「水ようかん、買うて帰ろうか」

どこに——とは、言わなかった。少年もきかない。代わりに、「ぼく、買ってくる」と言った。和菓子屋さんは通りの先の交差点の、もっと先にある。おばあちゃんは「ほんなら、交差点のところまで行って待っとるけん」と少年にさいふをわたして、少し照れくさそうにつづけた。

「夏みかんのゼリーも買うとこうか」

三丁目の少年も虹を見つけた。空ではなく、道路に。車のオイルが水たまりに虹色のまくをつくっていたのだ。

ズックで、（　Ｃ　）虹をふんでみた。きれいな色の帯はゆらゆらとゆれて乱

活では使われなくなった美しいことばで、情景が描かれています。気落ちした少年が鳥を見て、「あの鳥も、どこかで雨やどりをしていたのかもしれない」とふと心に思う文章です。この段落には気持ちを表すことばは書かれていませんが、少年の気持ちが（＋）に転じるであろうことが読み取れます。情景描写で心を描いています。

・一丁目の少年の場面です。空に虹を見つけました。「和菓子」、「ゼリー」は前の段落にもありました。おばあちゃんの「照れくさそう」には、お母さんと仲直りをしようという（＋）の気持ちが読み取れます。

・三丁目の少年は道路に虹を見つけました。「よし」は少年の（＋）の気持ちです。「顔を上げた」と

立ち直る（十）

れても、色そのものは消えない。

よしと少年は顔を上げた。夕立のなごりの、ひんやりとしめった風が頬（ほお）をかすめた。

（重松　清の文章による）

＊エントランス　入り口。

問一　――線①～⑦のカタカナの部分を漢字に直しなさい。

問二　「ア」に当てはまる文章中の言葉を十字以内で書きなさい。

問三　「イ」にはどのような言葉が入りますか。十字程度で書きなさい。

問四　（Ａ）～（Ｃ）に当てはまる言葉を、次の中からそれぞれ選び、その番号を書きなさい。

1　ぐいっと　　2　くっきりと

3　ぎゅっと　　4　ゆうゆうと

5　ぱっと　　6　そっと

問五　～～線1について、この時のエツコの気持ちを十字以上二十字以内で書きなさい。

問六　～～線2について、この時の三丁目の少年のエツコに対する気持ちを五十字以内で書きなさい。

問七　～～線3について「どうして」一丁目の少年は二台もバスを「やり過ごした」のですか。その理由を次の中から一つ選び、その番号を書きなさい。

書かれています。ショックを受けた少年の（一）の気持ちが、道路の水たまりにできた虹を見たことをきっかけとして、（十）に変化しました。最後の一行には立ち直った少年の様子が描かれています。

1　おばあちゃんがゆっくりとあんみつを食べていたから。
2　雨がやむのを待っていたから。
3　お母さんが来るのを待っていたから。
4　クリームソーダがとてもおいしかったから。

問八　〰〰線4について、この時の三丁目の少年の気持ちを二十字程度で書きなさい。

問九　〰〰線5について、このことから「おばあちゃん」の「お母さん」に対する気持ちを二十字程度で書きなさい。

問十　一丁目と三丁目の少年がそれぞれ登場している場面の共通点を三つ書きなさい。

解答と解説

問一　漢字の問題です。

①満足　②期待　③縮め　④気象庁
⑤夢中　⑥実際　⑦筋道

問二　自由に書くのではなく、文章中の言葉を一〇字以内で書きます。

解答例　「今日はサイコーだ」（八字）、「ラッキー」（四字）

問三　文章中のことばでという条件はありません。一〇字程度ですから

問一で気をつける点

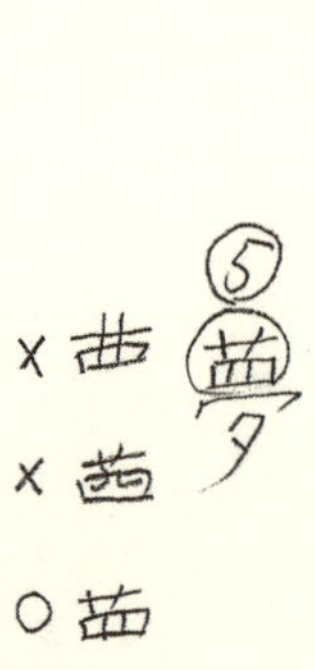

字数が少し多くても大丈夫です。

解答例　「めんどうくさいなあ」（九字）、「雨なんか降りっこないのに」（一二字）

問四　Aは「にぎりしめて」をかざることば、Bはほこりを洗い流された町並みの輪郭の様子を表すことばをいれます。Cは前の段落で空の鳥を見て、鳥を思いやっていることもヒントになります。乱暴な気持ちではないことがわかります。

解答　A・・3　B・・2　C・・6

問五　エツコの気持ちを一〇字以上二〇字以内で書きます。一二行後に「傘を持っていなかったエツコは、外に出られずに～」とあります。

解答例　「急な夕立に傘もなく、困っている気持ち。」（一九字）

問六　男の子さんたちは逃げ腰になるような問題ですが、嫌がることはありません。「これはわからないと」と思ってしまったら頭は働きません。このような記述問題では、波線の前後だけではなく、文章を広くとらえることが必要です。

ヒントは「学校で会うときよりも幼く見えた」です。普段のエツコの様子が

・記述問題では、文章を広くとらえます

書かれているところを押さえます。歯科クリニックでの会話「うっす」「そっちも虫歯?」・・からも、エッコが男の子のような子だということが想像できます。さらに後半「いらなーい」と傘を断る悦子の様子からも、元気な女の子ということがわかります。そのエッコが「泣き出しそうな顔」をしたのですから、少年は「か弱く、かわいい」と思ったのでしょう。また、それまでに少年が考えた「作戦」のテーマは何といっても「オトコらしさ」です。このことばは繰り返されています。四角で囲み、「メモ書き」をしてあります。

「雷をこわがるエッコにかわいさを感じた少年の気持ち（いとしさの方が良いのですが、子どもたちには難しいかもしれません。）」、「オトコらしく守ろうとする少年の気持ち」が大事な点になります。この二点を入れて少年の気持ちを書きます。五〇字というと長文と感じるでしょうが、そうでもありません。原稿用紙に書いて字数を身体で覚える練習をしてください。

・繰り返されていることばを「印つけとメモ書き」しておくことは、記述問題においても役に立ちます。

解答例　「雷をこわがるエッコにいつもとは違う弱々しさとかわいさを感じ、男らしく守ってあげたいと思う気持ち。」（四八字）

問七　理由を一つ選ぶ選択肢問題です。この段落の始めに夕立の様子が書かれています。また、「バスに乗れずにふてくされているように～」というおばあちゃんの様子も書かれています。二人は「雨やどり」をしていたのです。

解答例　(2)

問八　エッコに傘を貸せなかったこと以上に、車に乗るようにとエッコからさそわれなかったことにショックを感じている少年の、その後の気持ちを二〇字程度で書くという問題です。二〇字程度ですから少しオーバーしても大丈夫ですが、気持ちの原因を書く余裕はありません。気持ちそのものを書きます。
少年は無理に理屈をつけた上に、たとえさそわれても自分は乗る気がなかったと強がり、自分に言い聞かせています。本当はショックだったということは、「——つもりだ。」に表されています。「しょんぼりうつむいて～」とあります。

解答例　「ショックなんか受けていないと強がる気持ち。」（二一字）

問九　二〇字程度の記述問題です。
「和菓子」、「ゼリー」は繰り返されているので、四角で囲んであります。本文五二行目の大きな括弧をつけ「少年、心の中」と「メモ書き」してあるところを読みます。おばあちゃんとお母さんのけんかの理由を、少年は「和菓子と洋菓子」の好みの違いかもしれないと思っています。ゼリーはお母さんの好物です。これを買うということは、おかあさんと仲直りをしようというおばあちゃんの気持ちの表れです。

解答例　「お母さんと仲直りをしようという気持ち。」（一九字）

問一〇 二人の少年がそれぞれ登場している場面の共通点を三つあげる問題です。

解答例1 1 夕立が降って、建物の中で雨宿りをしている点
2 女の人と二人で雨宿りをしている点
3 外に出て虹を見つけた点

解答例1のお子さんの説明は、次のようなものでした。
「『三丁目の少年』では、エッコと二人でビルの中で雨宿りをしている場面と、雨上がりに外に出て、道路に虹を見つけた場面に分け、『一丁目の少年』では、おばあちゃんと二人で喫茶店で雨宿りをしている場面と、雨上がりに外に出て、東の空に虹を見つけた場面に分けた。共通点は二人とも建物の中で雨宿りをしている点・女の人と二人で雨宿りをしている点・外に出て虹を見つけた点と考えた。」

解答例2 1 夕立が降ったので、室内で女の人と二人で雨宿りをしている点
2 雨宿りの間、どちらの少年も暗い気持ちでいる点
3 雨上がりに虹を見つけたことがきっかけで、二人とも明るい気持ちになった点

解答例2のお子さんは、次のように説明しました。
「『三丁目の少年』では、夕立が降り、ビルの中でエッコと二人で雨宿りをして

いる場面・少年がエッコにさそわれなかったことにショックを受けて落ち込んでいる場面・少年が雨上がりの道路に虹を見つけたことがきっかけで、元気になった場面に分けられる。『一丁目の少年』では、喫茶店でおばあちゃんと二人で雨宿りをしている場面・おばあちゃんとお母さんのけんかを少年が気にかけて、暗い気持ちになっている場面・雨上がりの空に少年が虹を見つけた。虹を見たおばあちゃんがお母さんと仲直りをしようという気持ちになったことがわかり、少年が明るい気持ちになった場面に分けられる。

共通点は、室内で女の人と二人で雨宿りをしている点・雨宿りの間、二人とも暗い気持ちでいる点・雨が上がり、虹を見つけたことで明るい気持ちになった点と考えた。」

どちらにも大きな丸をあげたいと思います。

2

説明的文章の解き方
―東洋英和女学院中学部・二〇〇七年入試問題

東洋英和女学院中学部の二〇〇七年の入試問題です。作者の意見が書かれている随筆的な文章です。説明的文章として読みますので、今まで練習した「印つけとメモ書き」をしながら、話題、意見、結論を明確にしていきます。

・段落内で繰り返されていることばが、その段落の話題である場合が多い。

説明的文章の「印つけとメモ書き」のポイント

①「何についての意見であるか」を「メモ書きする」

②「繰り返されていることば」、「言い換えられていることば」、「つまり」、「しかし」は大事

「解く」ための実践の力を養う

次のことを意識することで実践の力を養います。

①「何についての意見であるか」を「メモ書き」する

「・・と考える。・・と思う。・・すべきある。・・である。・・に違いない。」ということばが文末にある場合は、その段落には作者の意見が書かれていると考

えます。

その段落の中で繰り返されていることばに「印つけ」をし、それを「メモ書き」すると、「何についての意見であるか」がはっきりします。読んだそばから忘れていくような難しい長文でも、こうすると自分の目に見えるので理解しやすくなりますし、解答時に本文に戻るときにも、すばやく戻れます。いくつかの意見をまとめたものが結論なのですから、その筋道を目に見えるようにしておくことで、文章の流れと結論を結びつけることができます。

②「繰り返されていることば」、「言い換えられていることば」、「つまり」、「しかし」は大事

繰り返されていることば、言い換えられていることばに「印つけ」をしてはっきりさせておきます。それが作者の言いたいこととなります。

「つまり、ようするに、このように」の後にはまとめとなる大切な文章が続きます。「しかし」の後にも多くの場合、大切なことが書かれています。ずるずると線引きをするのではなく、大切な文章の中で特に大切なのはどこかということを意識して、限定した「印つけ」をします。

この二点を中心に「印つけとメモ書き」をしながら読み進めます。

説明的文章の問題を実際に解いてみる

問題文と設問

二　次の文章は、講演の一部です。この文章を読んで、後の問いに答えなさい。

子どものいったりすることを見ればわかるように、赤んぼうのときから、彼《かれ》らは非常に強い好奇《き》心をもっています。しかも、子どもたちが示す好奇心の中には、科学の**メ**ばえになるようなものが確かに存在している。（Ａ）、自分の子どもの話で恐《きょう》縮なんですが、私《わたくし》の子どもがやっとはうようになったとき、母親が台所で仕事をしていると、その後を追ってはって台所までやってくるということをやっていましたが、そのうち台所に置いてあるスリッパをみつけ、これに非常に好奇心を示したのです。で、スリッパを手に取って、まだ歩けませんから台所をはって、台所の＊上《あが》り框《がまち》までいって、それを下へぽとんと落とす、ということをやり出しまして①これに非常に興味を持ったらしく、しばらくの間は台所へ行くと必ずスリッパを上り框から下へ落とすのです。この行動は、（Ｂ）手をはなすと物が下へ落ちるという現象に非常に興味を示したことなのです。

だいたい、②子どもの遊びというものは、彼らの好奇心が非常に大きな動機になっているといってよいと思いますが、いま申しました物が落ちることに興味を持つということ、これは注目すべきことです。子どもはこれをただおもしろいだけでやっているのでしょうけれど、考えてみますと、自然科学者がいろいろな自然現象に興味をもって、それを観察し、そして、その中から自然法則というものを見つけてこようとすること、これはまさに、スリッパを高いところから落として喜んでいることに非常に③通じるものがあると思うのです。現に、イギリスのブラケットという学者が、科学とは何かについて、ある会のテーブル・スピーチで、一言でずばりいったのです、「科学とは、国の金を使って科学者が好奇心を満たすことである」と。テーブル・スピーチですから半分じょう談だとしても、そのいっていることは、八分どおり科学の本質をずばりいっているのではないかという感じがするのです。以前、この話をある所でしましたら、後から私の所へ手紙がきまして、「けしからん、④科学者は独善だ。国の金を使って自分の好奇心を満足させ、そして科学とはこういうものだなんていうのはけしからん」というのです。たしかに科学者の好奇心といってもいろいろとあって、つまらない好奇心もあるわけで、そういうものに国の金を使ったのでは、これはたいへん申しわけないのですが、自然法則を見つけよう、あるいは自然現象の中にある⑤かくれた脈絡《らく》をなんとかして見つけ出そうという好奇心、これはやはり人間の本能に根ざしている、人間のもっとも人間らしい行為《い》のひとつであると、私は考えたいのです。

　そういうわけで、ここにお集まりのみなさんは、教育に**ジュウジ**されている方々なので、私が申し上げなくともご存じだと思いますが、子どもの好奇心を、つまらない好奇心から意味のある**ジゲン**の高い好奇心に導いていくということ、私は、これが科学教育のひとつの基本的な考え方ではないかと思うのです。はっている子どもがスリッパが落ちるということに興味を持つ時期から、もう少し大きくなりますと、かなり高度な自然現象を、ただおもしろがっているだけでなくて、子どもなりに科学者がしているのに似たような見方をするようになります。ひとつの例で申し上げますと、五歳《さい》ぐらいの、小学校に入る前の子どもですが、台風がきて風が強く吹いて、そして私の家の（こういいますと、自分の子どもの話だなと思われて、思わず馬脚《ばきゃく》をあらわしますが）前の木が非常にゆれている。それを一生けんめい見ていた子どもが、とつ然「日本中の木を全部切ったら、風が吹《ふ》かなくなるね」といったのです。どういうつもりでこういうことをいったかよくわかりませんが、大人のこじつけで考えてみますと、**子どもは（１）から（２）と考えた**のではないかと思われるのです。そう考えますと、「木を切ってしまったら風が吹かなくなる」という判断が非常に論理的に出てくる。この子は台風がくる前の夏の暑い日に、汗《あせ》をいっぱいかいているとだれかがうちわであおいでくれた、それで自分もうちわを使ってみるとすずしい風が当たって気持ちがいいという印象を持ったことがある。おそらくその記憶《おく》が残っていて、うちわをゆさぶると風が吹くという過去の経験と、風が吹いて木がゆれているという経験との間に、ひとつの共通点を――つまり、先ほど申しました脈絡をつけようという気持ちで、うちわが動いて風が吹いたのと同じように、木が動いて大風が吹くと、そういう判断をしたのではないかと思うのです。

このように、⑥二つの異なった経験の間の類似点を拾い出して、そして初めの経験から後の経験の解釈《しゃく》をするということは、自然科学者が常にやっていることなのです。みなさんは、幼い子どもたちと常に接触《しょく》していられると思いますが、よく子どもたちのいうこと、することの中から、いま申しましたように、子どもの中に科学的な考え方のめばえがあるということに気がつかれることがあるのではないかと思います。好奇心というのが、ただ物ごとそのものをおもしろがるというのではなく、さらにその中から異なる現象、あるいは異なる経験の間に共通点を見いだして喜ぶというところまでいけば、これはひとつの科学の思考形式になるわけです。子どもの考えの中には、そういうめばえがすでにあるのです。いまの台風の話はあまりにもうまくできすぎていて、それはお前がうがった解釈をしているんだろう、子どもはそんなことを考えるはずがない、といわれればそうかも知れません。しかし、私の解釈がまちがっているにしろ、「木を切ったら風が吹かなくなるね」といったのは事実でして、この考え方の、「何々したら何々になる」という思考の形式、そういう考え方を子どもがしているという事実――その裏に、うちわであおいだ経験が大きな意味を持ったかどうかは別として、何々であるから何々であるという考え方――、そういう考え方を子どもが非常に小さい時からやる。このことが重要な点なのです。そして、こういうことが、私のいう好奇心という意味だと考えていただくならば、⑦好奇心は科学の非常に重要な基礎《そ》になっているということがわかっていただけるのではないかと思うのです。

(『科学者の自由な楽園』朝永振一郎)

(注)＊上り框…台所と土間との段差のこと

問一　本文中の**カタカナ**を漢字に直しなさい。

問二　(A)(B)にあてはまる言葉としてふさわしいものをそれぞれ次から選び、記号で答えなさい。

ア　つまり　イ　しかも　ウ　けれども　エ　たとえば

問三　①これの指示する内容を文中の言葉を使って「こと」に続くように答えなさい。

問四　②子どもの遊びというものは、彼らの好奇心が非常に大きな動機になっているとありますが、ここで言っていることと同じ内容を言っているものを次から選び、記号で答えなさい。

ア　子どもの遊びは、自然現象に興味を持つことによって豊かな広がりを見せると考えられる。

イ　子どもが遊びに熱中するのは、自分たちで発見したもので遊ぶ方が楽しいからと考えられる。

ウ　子どもが遊ぶ理由としては、自分のしていることが自分にとっておもしろいから、ということが考えられる。

エ　子どもの遊びは、必ずといってよいほど子どもたちの興味を引くさまざまな事がらがふくまれるよう作られている。

問五　③通じるとありますが、ここでの意味と同じ意味で使われているものを次から選び、記号で答えなさい。

ア　彼の画風はゴッホに通じている。

イ　シルクロードはローマに通じる。

ウ　彼は文学によく通じている。

エ　彼女の演技は世界に通じる。

問六　④科学者は独善だとありますが、科学者のどのようなところが独善なのですか。最もふさわしいものを次から選び、記号で答えなさい。

ア　好奇心こそが科学の土台と信じ、他人の痛みに鈍《どん》感である点

イ　自分のお金を使わずに自分の興味を満たし、それを正しいこととして

いる点
ウ　つまらない好奇心を満足させるために、ごまかして国のお金を使っている点
エ　自分のまちがいに気づかず、自分は世の中のために努力しているといばっている点

問七　⑤かくれた脈絡　とありますが、この言葉の意味として最もふさわしいものを次から選び、記号で答えなさい。
ア　たしかにあるはずの命
イ　目には見えないつながり
ウ　用心深くしまわれている秘密
エ　まだ人の目にはふれていない美

問八　**子どもは（　1　）から（　2　）と考えた**　とありますが（　）にあてはまる言葉をそれぞれ考えて五字以内で答えなさい。

問九　⑥二つの異なった経験の間の類似点　について答えなさい。
(1)　二つの異なった経験とは、それぞれどのような経験ですか。
(2)　この場合の二つの経験の間の類似点とは何ですか。考えてわかりやすく説明しなさい。

問十　⑦好奇心は科学の非常に重要な基礎になっている　とありますが、その理由として最もふさわしいものを次から選び、記号で答えなさい。
ア　つまらない好奇心でも、科学教育で意味のある好奇心に導く可能性があり、その道筋が科学の思考形式につながっていくから。

イ　大人の決まりきった思考形式ではなく、自然現象をおもしろがることから始まる子どもの思考形式が科学の基本となるから。
ウ　身のまわりの現象に興味を持たせることは、子どもの科学教育の基本であり、高度な自然現象の解明につながることだから。
エ　身のまわりの現象に興味を持ち、そこに何らかの法則を見つけようとすることは、科学の基本的な思考の形式となるものだから。

「印つけとメモ書き」の例
問題文と設問

二　次の文章は、講演の一部です。この文章を読んで、後の問いに答えなさい。

子どものいったりすることを見ればわかるように、赤んぼうのときから、彼《かれ》らは非常に強い好奇《き》心をもっています。しかも、子どもたちが示す好奇心の中には、科学のメばえになるようなものが確かに存在している。（Ａ）、自分の子どもの話で恐《きょう》縮なんですが、私《わたくし》の子どもがやっとはうようになったとき、母親が台所で仕事をしていると、その後を追ってはって台所までやってくるということをやっていましたが、そのうち台所に置いてあるスリッパをみつけ、これに非常に好奇心を示したのです。で、スリッパを手に取って、まだ歩けませんから台所をはって、台所の＊上《あが》り框《がまち》までいって、それを下へぽとんと落とす、ということをやり出しまして①これに非常に興味を持ったらしく、しばらくの間

※作者の意見が書かれた随筆文です。説明的文章として「印つけとメモ書き」をします。

・「子どもたちが示す好奇心の中には、科学のメばえになるようなものが確かに存在している」という話題です。

は台所へ行くと必ずスリッパを上り框から下へ落とすのです。この行動は、（Ｂ）手をはなすと物が下へ落ちるという現象に非常に興味を示したことなのです。

だいたい、②子どもの遊びというものは、彼らの好奇心が非常に大きな動機になっているといってよいと思いますが、いま申しました物が落ちることに興味を持つということ、これは注目すべきことです。子どもはこれをただおもしろいだけでやっているのでしょうけれど、考えてみますと、自然科学者がいろいろな自然現象に興味をもって、それを観察し、そして、その中から自然法則というものを見つけてこようとすること、これはまさに、スリッパを高いところから落として喜んでいることに非常に③通じるものがあると思うのです。現に、イギリスのブラケットという学者が、ある会のテーブル・スピーチで、一言でずばりいったのです、「科学とは、国の金を使って科学者が好奇心を満たすことである」と。テーブル・スピーチですから半分じょう談だとしても、そのいっていることは、八分どおり科学の本質をずばりいっているのではないかという感じがするのです。以前、この話をある所でしましたら、後から私の所へ手紙がきまして、「けしからん、④科学者は独善だ。国の金を使って自分の好奇心を満足させ、そして科学とはこういうものだなんていうのはけしからん」というのです。たしかに科学者の好奇心といってもいろいろとあって、つまらない好奇心もあるわけで、そういうものに国の金を使ったのでは、これはたいへん申しわけないのですが、自然法則を見つけよう、あるいは自然現象の中に⑤あるかくれた脈絡をなんとかして見つけ出そうという好奇心、

・子どもの遊びについての意見です。「べき」は作者の強い意志を表します。

・自然科学者の説明は①②③としました。スリッパを落として喜んで遊んでいる子どもと、自然科学者の態度には通じるものがあるという意見です。

・科学者の好奇心についての意見（い）が書かれています。

これはやはり人間の本能に根ざしている、人間のもっとも人間らしい行為《い》のひとつであると、私は考えたいのです。

そういうわけで、ここにお集まりのみなさんは、教育に**ジュウジ**されている方々なので、私が申し上げなくともご存じだと思いますが、子どもの好奇心を、つまらない好奇心から意味のある**ジゲン**の高い好奇心に導いていくということ、私は、これが科学教育のひとつの基本的な考え方ではないかと思うのです。はっている子どもがスリッパが落ちるということに興味を持つ時期から、もう少し大きくなりますと、かなり高度な自然現象を、ただおもしろがっているだけでなくて、子どもなりに科学者がしているのに似たような見方をするようになります。ひとつの例で申し上げますと、五歳《さい》ぐらいの、小学校に入る前の子どもですが、台風がきて風が強く吹いて、そして私の家の（こういいますと、自分の子どもの話だなと思われて、思わず馬脚《ばきゃく》をあらわしますが）前の木が非常にゆれている。それを一生けんめい見ていた子どもが、とつ然「日本中の木を全部切ったら、風が吹《ふ》かなくなるね」といったのです。どういうつもりでこういうことをいったかよくわかりませんが、大人のこじつけで考えてみますと、**子どもは（1）から（2）と考えた**のではないかと思われるのです。そう考えますと、「木を切ってしまったら風が吹かなくなる」という判断が非常に論理的に出てくる。この子は台風がくる前の夏の暑い日に、汗《あせ》をいっぱいかいているとだれかがうちわであおいでくれた、それで自分もうちわを使ってみるとすずしい風が当たって気持ちがいいという印象を持ったことがある。おそらくその記憶《おく》が残っていて、うちわをゆさぶると風が吹くという過去の経験と風が

・段落が変わります。

・『科学教育の基本的な考え方』に対する意見（い）です。

・「ジゲンの高い好奇心」は「科学者がしているのに似たような見方」と言い換えられています。矢印を引きました。

・「科学者がしているのに似たような見方」の例（れ）です。①の経験と②の経験との間に、「ひとつの共通点を――つまり、先ほど申しました脈絡をつけよう……と思うのです。」と意見（い）を述べています。

吹いて木がゆれているという経験との間に、ひとつの共通点を——つまり、先ほど申しました脈絡をつけようという気持ちで、「うちわが動いて風が吹いたのと同じように、「木が動いて大風が吹くと、そういう判断をしたのではないかと思うのです。」

このように二つの異なった経験の間の類似点を拾い出して、そして初めの経験から後の経験の解釈《しゃく》をするということは、自然科学者が常にやっていることなのです。みなさんは、幼い子どもたちと常に接触《しょく》していられると思いますが、よく子どもたちのいうこと、することの中から、いま申しましたように、子どもの中に科学的な考え方のめばえがあるということに気がつかれることがあるのではないかと思います。好奇心というのが、ただ物ごとそのものをおもしろがるというのではなく、さらにその中から異なる現象あるいは異なる経験の間に共通点を見いだして喜ぶというところまでいけば、これはひとつの科学の思考形式になるわけです。子どもの考えの中には、そういうめばえがすでにあるのです。いまの台風の話はあまりにもうまくできすぎていて、それはお前がうがった解釈をしているんだろう、子どもはそんなことを考えるはずがない、といわれればそうかも知れません。しかし、私の解釈がまちがっているにしろ、「木を切ったら風が吹かなくなるね」といったのは事実でして、この考え方の、「何々したら何々になる」という思考の形式、そういう考え方を子どもがしているという事実——その裏に、うちわであおいだ経験が大きな意味を持ったかどうかは別として、何々であるから何々であるという考え方——、そういう考え方を子どもが非常に小さい時からやる。このことが重要な点なのです。そして、

・「このように」と、前の段落をまとめて、①②と書かれ、このことは「自然科学者が常にやっていること」と述べています。

・「科学の思考形式に……めばえがすでにあるのです」という意見です。

・「何々であるから何々であるという考え方——、そういう考え方を子どもが非常に小さいときからやる」ことが重要な点だと意見（い）を述べています。

・そして、「好奇心は科学の非常に重要な基礎になっている」という結論が書かれています。

こういうことが、私のいう好奇心という意味だと考えていただくならば、⑦好奇心は科学の非常に重要な基礎になっているということがわかっていただけるのではないかと思うのです。

（『科学者の自由な楽園』朝永振一郎）

（注）＊上り框…台所と土間との段差のこと

問一　本文中の**カタカナ**を漢字に直しなさい。

問二　（Ａ）（Ｂ）にあてはまる言葉としてふさわしいものをそれぞれ次から選び、記号で答えなさい。

ア　つまり　イ　しかも　ウ　けれども　エ　たとえば

問三　①これ　の指示する内容を文中の言葉を使って「こと」に続くように答えなさい。

問四　②子どもの遊びというものは、彼らの好奇心が非常に大きな動機になっている　とありますが、ここで言っていることと同じ内容を言っているものを次から選び、記号で答えなさい。

ア　子どもの遊びは、自然現象に興味を持つことによって豊かな広がりを見せると考えられる。

イ　子どもが遊びに熱中するのは、自分たちで発見したもので遊ぶ方が楽しいからと考えられる。

ウ　子どもが遊ぶ理由としては、自分のしていることが自分にとっておもしろいから、ということが考えられる。

エ　子どもの遊びは、必ずといってよいほど子どもたちの興味を引くさまざまな事がらがふくまれるよう作られている。

問五　③通じる　とありますが、ここでの意味と同じ意味で使われているものを次から選び、記号で答えなさい。

ア　彼の画風はゴッホに通じている。

イ　シルクロードはローマに通じる。

ウ　彼は文学によく通じている。

エ　彼女の演技は世界に通じる。

問六　④科学者は独善だ　とありますが、科学者のどのようなところが独善なのですか。最もふさわしいものを次から選び、記号で答えなさい。

ア　好奇心こそが科学の土台と信じ、他人の痛みに鈍感である点

イ　自分のお金を使わずに自分の興味を満たし、それを正しいこととしている点

ウ　つまらない好奇心を満足させるために、ごまかして国のお金を使っている点

エ　自分のまちがいに気づかず、自分は世の中のために努力しているといばっている点

問七　⑤かくれた脈絡　とありますが、この言葉の意味として最もふさわしいものを次から選び、記号で答えなさい。

ア　たしかにあるはずの命
イ　目には見えないつながり
ウ　用心深くしまわれている秘密
エ　まだ人の目にはふれていない美

問八　**子どもは（１）から（２）と考えた**　とありますが（　）にあてはまる言葉をそれぞれ考えて五字以内で答えなさい。

問九　⑥二つの異なった経験の間の類似点　について答えなさい。

(1)　二つの異なった経験とは、それぞれどのような経験ですか。

(2)　この場合の二つの経験の間の類似点とは何ですか。考えてわかりやすく説明しなさい。

問十　⑦好奇心は科学の非常に重要な基礎になっている　とありますが、その理由として最もふさわしいものを次から選び、記号で答えなさい。

ア　つまらない好奇心でも、科学教育で意味のある好奇心に導く可能性があり、その道筋が科学の思考形式につながっていくから。

イ　大人の決まりきった思考形式ではなく、自然現象をおもしろがることから始まる子どもの思考形式が科学の基本となるから。

ウ　身のまわりの現象に興味を持たせることは、子どもの科学教育の基本であり、高度な自然現象の解明につながることだから。

エ　身のまわりの現象に興味を持ち、そこに何らかの法則を見つけようとすることは、科学の基本的な思考の形式となるものだから。

解答と解説

問一　漢字の問題です。

メばえ・・芽　ジュウジ・・従事　ジゲン・・次元

問二　つなぎことばの問題です。（　）の前の文章と後の文章の関係を考えます。

答えを必ず本文に入れ戻す習慣をつけて、ミスを防ぎます。

（A）は「子どもたちが示す好奇心の中には、科学のメばえになるようなものが確かに存在している。」ということの例として「自分の子どもの話」をあげているので、例を示す「たとえば」が入ります。（B）は「スリッパを上り框から下へ落とす」ことが「手をはなすと物が下へ落ちるという現象」と言い換えられていますから、「つまり」が入ります。

解答　（A）・・エ　（B）・・ア

問三　指示語の問題です。これの示す内容を「〜こと」と解答するという問題です。指示語のすぐ後の文章をヒントにすることは重要なポイントです。「興味を持ったこと」を読み取り、それがわかったら、次に指示語の前に、前にと読み、「〜こと」の部分を読み取ります。すでに「　」がついています。抜き書きではないのですから、この一文をまとめます。自分の解答を指示語の部分に必ず入れ戻して確認します。

問一で気をつける点

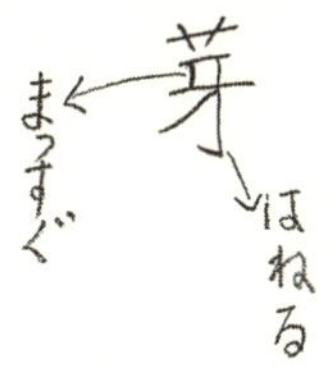

指示語の解き方

①指示語の直後の文章を参考にする
②指示語の前を読む、そこに当てはまるものがないときはさらに前に、前に進む。
③答えと思ったものを指示語の部分に入れ戻して確認する

解答　台所をはって上がりがまちまで行き、スリッパを下へ落とす（こと）

問四　選択肢問題です。「好奇心が遊びの動機（きっかけ）であること」と同じ内容のものを選びます。本文の傍線部を含む文章にはすでに（い）、「遊び」と「メモ書き」してあります。大きな括弧をつけた七行を読みながら、一つひとつ検証します。アの「豊かな広がりを見せると考えられる。」は×です。イの文章は、「子どもが遊びに熱中すること」に関する文章ですから×です。ウは「遊ぶ理由としては」とあります。「遊ぶきっかけ（動機）は」と言い換えることもできます。この部分は△にしておきます。後半の「自分にとっておもしろいから」の部分を考えます。傍線から二行後に「おもしろいだけ」には限定の印つけと（＋）がついています。さらに四行先にも「スリッパを高いところから落として喜んでいる（＋）」と書かれています。これを根拠に、子どもの遊びは、ただ自分がおもしろいから遊ぼうという好奇心がきっかけとなっていると言えるので正答と思いますが、エを検証するまでは△をつけておきます。エは「必ずといっていいほど」と言い過ぎていますから×です。「事がらがふくまれているよう作られている。」も×です。

選択肢問題の解き方

・選択肢の文章を読んでいるうちに設問が頭から抜けることが多い。何回も設問を確認しながら検証を進める。

・あいまいなことには△をつける勇気を持つこと。

・大げさな表現や言い過ぎている場合は×のことが多い。

・内容的には合っていても、「必ず」、「べきである」のように言い過ぎのことばが書かれている場合は×であることが多いのです。

解答　ウ

問五　「通じる」はここでは共通点がある（似ている）という意味で使われて

います。「通じる」を含む文章の前後を読んで判断します。

解答　ア

問六　選択肢問題です。設問を丁寧に読みます。「科学者のどのようなところが独善なのか」と聞かれています。「(い)、科学」と「メモ書き」してある部分を広く読みます。アはどこにも書いてありません。イは傍線の直後の文章が根拠となり、選択肢の前半は○です。後半については、はっきりわからないと思う場合は、△をつけて先に進みます。ウは、上の部分は△、下の部分「ごまかして」は×です。エは上の部分は△にしました。下の部分は「いばっている点」は×です。書かれていません。こうしてすべての選択肢文章に○・△・×をつけて検証すると、解答はイであることがわかります。

・△にしておくことで強引な解答を避けます。

解答　イ

問七　ことばの意味の問題です。命・つながり・秘密・美と考えると、素直に解答できる問題です。また、「脈絡」の意味がわからなくても、文脈からも考えることができます。ここでは傍線部の前後を読んでも「かくれた脈絡」ははっきりしません。しかし、ここ以外にも「脈絡」と「メモ書き」してあるところを見ると、「・・ひとつの共通点を―つまり、先ほど申しました脈絡をつけようと・・」とあります。これがヒントになります。繰り返されていることばに「印つけとメモ書き」をしていれば解ける問題です。

解答　イ

問八　このような問題は、設問で聞かれている部分のすぐ近くだけを読んで答えるとミスをします。このことを含む段落を広く読むように心がけます。この段落の後半に「…と同じように、木が動いて大風が吹くと、そういう判断を…」と書かれています。

解答　(1) 木が動いた（ゆれた）から (2)（大）風がふくと考えた

問九　傍線部の上に書かれている「このように」という指示語を正確にとらえます。脚注の指示語の解き方を参考にします。「このように」は、大きな括弧をつけ、(い)「脈絡」と「メモ書き」した部分をさしています。二つの異なった経験にはすでに①、②と「印つけ」をしてあります。

(1) 解答　「うちわをゆさぶると風が吹くという（経験）」・「風が吹いて木がゆれるという（経験）」

(1) で考えたことが (2) の解答のヒントになります。文中では「つまり」ということばの後に、まとめてあります。『（うちわ・木）ものがゆれたり動い

・解答を考える場合に、傍線の前後だけではなく、それを含む段落を広く読むことが大切です。

・繰り返されていることばや、言い換えられていることばを四角で囲んだり、余白に「メモ書き」したりすることが、解答に大いに役立ちます。

たりすると風が吹く』という共通点が見つかります。「つまり」は大事なつなぎことばです。

（2）解答　「ものがゆれたり動いたりすると風が吹くという点」

問十　大変難しい選択肢問題です。結論部分での問題ですから、本文の一部を読んだだけでは解答できません。本文中に大きな括弧と、（い）と「メモ書き」してあるところを見直します。意見の総まとめが結論です。

設問では、「好奇心が科学の基礎になっている理由」を問われています。

アの文章は常識で考えると合っているように思えます。しかし、本文中ではどうでしょうか。選択肢の前半を検証します。「科学教育」と余白に「メモ書き」をしてあるところには「つまらない好奇心を、…私は、これが科学教育のひとつの基本的な考え方ではないかと思うのです。」とあります。子どもたちは迷うかもしれません。この部分は△にしておきます。後半は、この文章では、作者は「これはひとつの科学の思考形式になるわけです。子どもの考えの中には、そういうめばえがすでにあるのです。」と述べていますから×です。

イは本文中では「大人の決まりきった思考形式」ということばはどこにも書かれていません、言い過ぎていますのでこの部分が×です。後半の文章で判断する癖がついていると、この選択肢はミスをします。

ウは「興味を持たせることは、」の部分は×です。本文には「赤んぼうのときから、彼らは非常に強い好奇心をもっています」とあります。また「高度な自

・常識として合っていることが書かれていたり、「つまらない好奇心」、「科学の思考形式」、「科学教育」、と文中にあることばが並んでいたりすると、それに飛びつい「てしまう」場合があります。選択肢の文章と本文、設問の三つを常に結びつけます。

・後半の文章だけで判断する癖がついているとミスをします。

考え方として

大変まぎらわしい選択肢文章です。丁寧に検証しないとミスをします。選択肢を二つまでに絞れる場合は、その二つを調べれば良いのですが、このように難しい選択肢問題を解くためには、一二歳の子どもたちには、読点で上下に区切って検証し、設問や本文と合わせて考えるやり方の方が正答率が高いようです。す

然現象の解明につながる」も×です。本文中にそのような文章はありません。
エを考えます。この文章では二つの例を挙げて、『子どもの好奇心と科学者の好奇心には通じるものがある』ことが述べられています。選択肢の「身のまわりの現象」は本文中の『台風の大風で木がゆれているという現象』です。「何らかの法則を見つけようとすること」は『子どもがその現象を見て「何々したら何々になる」と考えること』です。それは科学の思考形式であり、「科学の非常に重要な基礎になっている」と作者は述べています。読点で区切ると三つとも○がつきます。

解答　エ

ばやく解くやり方もあるのでしょうが、早く解くことよりも正確に解くことを優先します。この力が将来の「学ぶ力」につながることと信じています。一つひとつを辛抱強く検証することは、国語という教科を超えて、グラフの読み取りや、多くの資料をもとに課題を読み取る力となります。「とりあえず終える」のではなく「しっかりと考え抜く」習慣をこの受験訓練で身につけてください。

第五章
お父様、お母様への手紙

「文章を読む力」と「問題を解く力」

「じっくり文章を読むこと」と、「素早く問題を解くこと」では「時間」の使い方が全く異なります。小学生を対象に同時にこの二つを鍛えようとするために、どちらもが未消化になり、国語嫌いを作り出しているのではないでしょうか。

生活経験が少なく、自己が未形成な小学生の子どもたちは、まずは文章を正確に読まなければ解答できません。年齢的に、多くの経験をすることで自己形成されつつあり、また、ある程度の器用さを身につけている高校受験生や大学受験生とはこの点が大きく違います。小学生の場合は「急がば回れ」、まず目の前の文章をきちんと「読む練習」をすることが良い結果に結びつくように思います。『中学受験　お母さんが教える国語』の読者の方や、ホームページ『国語の寺子屋』をごらんになった方からいただくご報告で、そのことがより明確になりました。

六年生の秋口ぐらいまでは我慢して、目先の点数に一喜一憂せずに、じっくり「読む練習」をしたことが、入試当日の良い結果に結びついたというご報告を多くいただきます。こうして時間をかけて文章を「読む力」をつけた子どもたちは、秋口から「設問を先に読む」というようなテクニックを習うこと、また、志望校に合わせた「解く練習」をすることで、ぐんと「解く力」をつけていくようです。

特に、文章を読む力が備わったときに始める過去問演習は大変有意義です。国語の入試問題は、どの学校でも国語科の先生方が心を尽くして文章をお選びになり、考え抜いて問題をお作りになります。その先生のお気持ちそのものが入試問題に反映され、スクールカラーが入試問題に込められます。各学校の特色ある入試問題と、一般的な学力定着度を測る模擬試験の問題との間には違いが生じます。模擬試験での国語の点数と、志望校の入学試験での国語の点数は必ずしも一致しません。ですから、模擬試験の国語の成績に一喜一憂することなく、六年生の秋口からは、志望校に特化した「解く練習」をすることが最も重要なことになります。

目先のテストで良い偏差値を取らなくてはという親心で、模擬試験に合わせてさまざまな「解く」テクニックを使い「素早く読み、解くこと」を練習させてもそれほど成績は上がりません。たとえば、問題を「解く力」となるテクニックの一つの「設問を先に読むこと」を、「読む力」が充分に備わる前に始めると、点数が上がることもありますが、安定はしないことが多いようです。文章を読むことで心が養われることや、文章を読み通すことで集中力が養われることが充分ではないからでしょう。実際は、時間をかけて「じっくり読む」練習をし、この秋口からの仕上げに志望校に特化した「解く練習」をすることのほうが、この年代の子どもたちにはふさわしいのです。

少なくとも六年生の夏前までは、時間制限をしない「読む練習」をなさってください。秋口からの過去問演習にともなって、子どもたちには変化が起きます。志望校合格への熱望、やっと芽生えた「崖っぷち」の緊張感、塾の先生方の熱い指導を基盤として、読むことで養われた集中力をフルに活動させながら、生まれてはじめて「本気」になります。この時期に「設問から先に読むこと」をはじめとするいくつかのテクニックを習い、さらに、志望校ごとの問題のやり方も身につけます。ここでやっと「読む力」と「解く力」が融合されます。

特に後半二カ月の子どもたちの成長には、毎年、本当に感心いたします。どうぞ、あわてず、あきらめず、継続して、まずは「読む力」を養ってください。

国語嫌いな子どもへのかかわり方について

特に男の子のお母様方から、国語嫌いな子どもへのかかわり方についてのご相談を多くいただきます。そこには「音読は嫌い、『印つけ』は面倒くさい」と、ふてくされる子どもの様子が見えます。音読は一行抜かすことさえしなければどんな読み方でもよいですし、「印つけ」もできることからなされればよいのです。毎日一〇分、気楽に始めてみると一カ月で三〇〇分（五時間）の学習です。週一回、一時間学習するよりも多く勉強することになります。一カ月経つころには音読も印つけも、少しできるようになっています。

この時間だけは声を荒げたり、否定したりしないことと、上からものを言わないことを決心してください。目の前の子どもは「国語嫌い」なのですから、いやがって当然と思えば腹もたたなくなります。子どもは、「いつものお母さんと違う。この時間は怒られない」と思うようになります。心がほぐれれば、頭の風通しも良くなり、ふてくされながらの学習態度も変化します。

入学試験まで二カ月という頃には、どんなに国語嫌いの子どもでも一心に文章を読み、解くようになります。このパワーの源は良好な親子関係です。それが、入試のその日を最高のコンディションで迎えることにつながります。

日常生活の中で、今すぐできること

日常生活の中で今日からできることとして、国語の学習に結びつくことを挙げるならば、「あなたはどう思う?」、「なぜそう考えたの?」と日常生活の中で子どもたちに問いかけることです。私たちは、案外、そのことばを子どもたちに言っていないように思います。

日頃、「どう思う?」と家庭で聞かれている子どもは、すぐに「私はこう思う」と返答します。「なぜそう思うの?」と聞くと、「だって~だから」とその根拠も言います。「私はこう思う。なぜなら~だからだ」というチャンネルがすでにできているのです。「う~ん・・」という場合は、その問いかけが少ないのかもしれません。

また、どのような答えであろうと「そうなの。そう考えたのね」と認めてあげるようにと心がけます。「それは違うんじゃない」、「なに言ってるの、違うでしょ!」と否定してしまうと、次第に子どもたちは自分の意見を言うことも、自分の心と頭を使って考えることもしなくなります。そして、「否定されないような答え」を探すようになります。

子どもの話を最後まできちんと聞いてあげることも大切なことです。つい「わかった、わかった」、「こうなんでしょ」と話を途中でさえぎってしまうことも多いのですが、もう一呼吸おいて話し終わるまで耳を傾けてあげましょう。そのように育てられている子どもたちは、相手の話をきちんと聞く姿勢が身についています。相手の話を聞くということは、人に限らず、物ごとに対しても丁寧に接するということになります。目の前の文章を丁寧に読むことにもつながるように思います。

親の側からすれば何気なく言ったことばでも、成長期の子どもたちには大きな影響を与えることがあります。誰かが手を差し伸べてくれる大家族と違い、核家族の中での親子の会話は、子どもの心を決定してしまう因子が多いのかもしれません。

「子どもに問いかけること」、「子どもの話を最後まで聞き、認めてあげること」は、子育ての時期を省みますと、忙しさにかまけて、また、未熟なゆえに、このあたりまえのことに気づかないまま過ごしてきてしまったように私自身は実感しております。気づけば「すぐにできること」として反省を込めてお伝えいたします。

お父様方へ　七つのお願いごと

お父様方へ、七つのお願いごとをいたします

どうぞ、子どもにぴったりつき過ぎないようになさってください。子どもの勉強を見ていると「能率が悪いなあ」とお思いになることでしょう。見ているとつい口をはさみたくなりますから、少なくとも子どもが解答するときはそばを離れていてください。

結果をせっかちに求めないでください。子どもはそんなに器用ではありません。何回も繰り返して身につけるしかないのです。

子どもの話を最後まで聞いてあげてください。「要するに〜なんだろう！」、「要は〜ということなんだろう！」と言って話を取ってしまわずに、子どもが自分のペースで話すことを、辛抱して最後まで聞いてあげてください。

お父様が身につけたノウハウを「こうやれば良い」と子どもに強要しないでください。結果を早く求めすぎると、子どもは自分の力を蓄えることができなくなります。年相応な「ノウハウのようなもの」を自分で見つけさせることが、この年齢には大切なことです。

大学受験のときのご自分と、今、一二歳の子どもを重ねないでください。体

格も大きく、一人前の口は聞きますが、なにぶんにもまだまだ子どもです。自分の受験経験から子どもを力ずくで押しきってしまうと、心のひずみは知らぬ間に作られてしまいます。

家庭でお母様が受験に熱心でいらっしゃるならば、お父様は少し距離を置いてください。両親ともに受験に入れ込んでしまうと、子どもは受験というストレスを癒す場所がなくなってしまいます。

最後になりますが、お父様にぜひなさっていただきたいことは、塾と子どもとの良い関係の構築です。母親は塾側の意見が子どもに無理であることがわかっても、塾の方針には従わなければならないと思ってしまいます。そこは社会での経験のあるお父様の出番です。「わが子にとっての受験」を塾の先生方とよく話し合い、最良の方針を考えてあげてください。

いくつものお願いごとをいたしました。子育てだけは効率よくはいきません。父性という大きな力で支えてくださることで、妻と子の気持ちは安定いたします。どうぞ、くれぐれもよろしくお願いいたします。

お母様方へ　なつかしく、貴い子育てのとき

子どもの成長を気長に待てるのは母性あってのことです。基本的に母親は待てるのです。私たちも、わが子をそうやって育ててきました。毎日同じことを繰り返し、自分の時間をひたすら子どものために割いてきました。赤ちゃんが泣けば睡眠もとらず、自分の身をもって精一杯世話をしてきました。

初めての離乳食の一匙。ちょっと顔をしかめ、口をクチュクチュさせたかと思うと、身を乗り出して「もっとちょうだい」と表現するかわいしぐさ、立っちから一歩アンヨができたときの満面の笑み。新しい成長があるたびに、手放しで喜びました。子どもを見守りながらその成長を待ってきたのです。

受験生の母として、あわただしさと緊張の中で日々を過ごしているうちに、子どもたちは、あっという間に中学生になってしまいます。中学入学後は、子どもたちは日々親から離れていきます。当然のことなのですが、母として寂しさを感じるものです。

同じ机で肩を寄せ合って勉強ができるのは、小学生の今だからこそです。もう二度と来ない本当に貴いときです。国語の学習は子育てと同様、成果がすぐに目に見えません。それでもコツコツと丁寧に育てなければ成長はしないので

す。

どうぞ、今一度の子育てと思ってわが子に寄り添い、わが子の国語を請け負ってあげてください。それには予習も必要、入試問題を解くことも必要です。「国語が！」と嘆くのではなく、あきらめずに一緒にコツコツと丁寧に国語の学習をなさってみてください。

今こそ、母親らしく、思う存分子育てができる最終のときなのです。

樹齢二〇〇〇年、日本最古のさくらと言われる山梨県北杜市、実相寺の神代桜は枯れかけてはよみがえり、今もなお、春には満開の花をつけます。

葉桜の季節、枝に茂る青葉の勢いを観察して、見えない根の様子を推し量り丁寧に養うと言われます。「根を養うことが樹を養うこと」

桜の花に子どもの笑顔が重なります。神代桜の実生から伸びた細い幼い枝と、わが家の向かいの公園の満開の桜を合わせて、祈りを込めて撮りました。子どもたち一人ひとりにふさわしい桜が咲きますように。

あとがき

この一冊を手に取り、お読みくださいましたお母様方、お父様方、ありがとうございました。『中学受験　お母さんが教える国語』、『中学受験　お母さんが教える国語　印つけとメモ書きワークブック』の中で、「これはやってみよう」、「これならできそう」とお思いになったことから、なさってみてください。

本書をお読みになって、「こんなの無理よ」、「こんな面倒なやり方は自分にはできないわ」とお思いになる方もいらっしゃると思います。私自身も、国語が苦手なわが子を何とかしなくてはならないと思ったときには、簡単に国語の点数を上げる方法があるのではないかと思っていました。でも、そんな方法は見つからず、結局、母親が積極的に「わが子」と「国語」に関わるしかないということに気がつきました。

今では中学受験が特別のことではなくなっています。それにともなって、受験の訓練期間も長くなってきています。子どもの大事な時間が、「頑張れ」という声に押されて、どんどん消費されていきます。じゃれ合うように遊んでいた子どもたちも、いつの間にか友だちを偏差値や塾のクラスで判断し始めます。情緒を育む一〇歳までの大切なときに、「点数を上げるために頑張ること」を覚えた子どもたちの将来を思うと、心がしずみます。でも嘆いてばかりはいられません。子どもの成長に結びつく受験について、日々、考えておりました。

「国語の試験の成績を上げたい」という親の願いと、「文章を読むことで子どもを成長させたい」という親の想いはなかなか一つにならないのですが、何とかこの二つを結びつけたいと考えていました。「試験の成績」と「読む楽しさと成長」が一体となることが、親としては最も望むところです。その理想に向かって、なんとか努力してみようと考えておりました。そして、「読む練習」と「解く練習」を分けるという自分なりの考えがはっきりしてまいりました。

そんな折、『お母さんが教える国語　印つけとメモ書きワークブック』のお話をいただきました。受験の訓練のために、さまざまなジャンルの文章、それも相当難しい文章を子どもたちが読むことが、子どもたちの成長にきちんと結びつくようにという思いで、この一冊を心を込めて書かせていただきました。

『お母さんが教える国語』が出版されましてからは読者の方々から、多くのうれしいご報告をいただきました。「読むことが嫌い、漢字も覚えたがらない、語彙も少ないという子どもが、この練習をして読めるようになったことで、すべてが良い方向に向かった」とご報告くださったあるお母様は、「実は国語ができないとか、国語力がないのではなく、面倒くさくて読んでいなかっただけだったんですね」とおっしゃいました。その通りなのです。小学生のときに、試験の点数が悪いから「国語ができない子」と決めつけてはならないのです。わが子でも経験済みですが、多くの場合「面倒くさいから読まない」、「時間が足りないから読まない」だけなのですから、「読むこと」を教えてあげればよいのです。

今回、『お母さんが教える国語　印つけとメモ書きワークブック』ではタイトルどおり「印つけとメモ書き」の練習を詳しく載せました。六年生ならば自分で読んで練習できると思います。それでも、本一冊を渡して「これ、やりなさい」ということはなさらないでください。基本は「お母さんと一緒」、モットーは「できることから少しずつ」、「あきらめずに、とにかく継続」です。

今回も、大村はま先生のご著書やご生前に承りました数々のおことばに支えていただきながらの執筆でした。また、森上教育研究所の森上展安先生には、この度も帯にありがたいおことばを頂戴いたしました。グローバル教育出版の千葉義夫先生には、相談に乗っていただきました。ダイヤモンド・ビッグ社の河村保之様には、二人三脚をしながら転びそうになる私をしっかり支え、導いていただきました。また、私の気持ちをやわらかく汲んでくださいましたデザイン担当の越地綾子様、ほのぼのとするかわいい表紙を描いてくださいましたさかたしげゆき様、皆様に心よりの感謝を申し上げます。ありがとうございました。

この一冊をお読みくださった方々、一生懸命学んだ子どもたち、そして、支えてくださった多くの方々に、心よりの御礼を申し上げます。そして、見守ってくれた家族に「ありがとう」のことばをそえて終わりのことばとさせていただきます。

国語の寺子屋　早川尚子

［著者］
早川尚子（はやかわ　なおこ）

1946年東京生まれ。慶應義塾大学文学部国文科卒。24年間の中学受験生（わが子を含む）の指導経験をもとに、2004年3月、ホームページ「国語の寺子屋」を立ち上げ、国語の原点である「丁寧に読む」ことを具体的に示す。文章を眺めては答え探しをしている子どもたちを文章に向かわせ、将来の国語力の土台となる「読み取る力」を養うことを目的として、現在も国語学習指導を続けている。

著書『中学受験　お母さんが教える国語』
（ダイヤモンド社）

ホームページ「国語の寺子屋」
http://home.p07.itscom.net/gakusyu/

中学受験　お母さんが教える国語　印つけとメモ書きワークブック

2008年7月17日　初版発行

著者　　早川尚子

発行所　株式会社ダイヤモンド・ビッグ社
〒107-0052　東京都港区赤坂3-5-2
編集部　TEL（03）3560-2245
http://www.arukikata.co.jp/

発売元　株式会社ダイヤモンド社
〒150-8409　東京都渋谷区神宮前6-12-17
販売　TEL（03）5778-7240
http://www.diamond.co.jp/

印刷・製本　凸版印刷株式会社

デザイン　　　越地綾子
表紙イラスト　さかたしげゆき
編集担当　　　河村保之

ISBN978-4-478-07628-6